JN075410

イラスト版

斎藤公子

さくら・さくらんぼリズム遊び

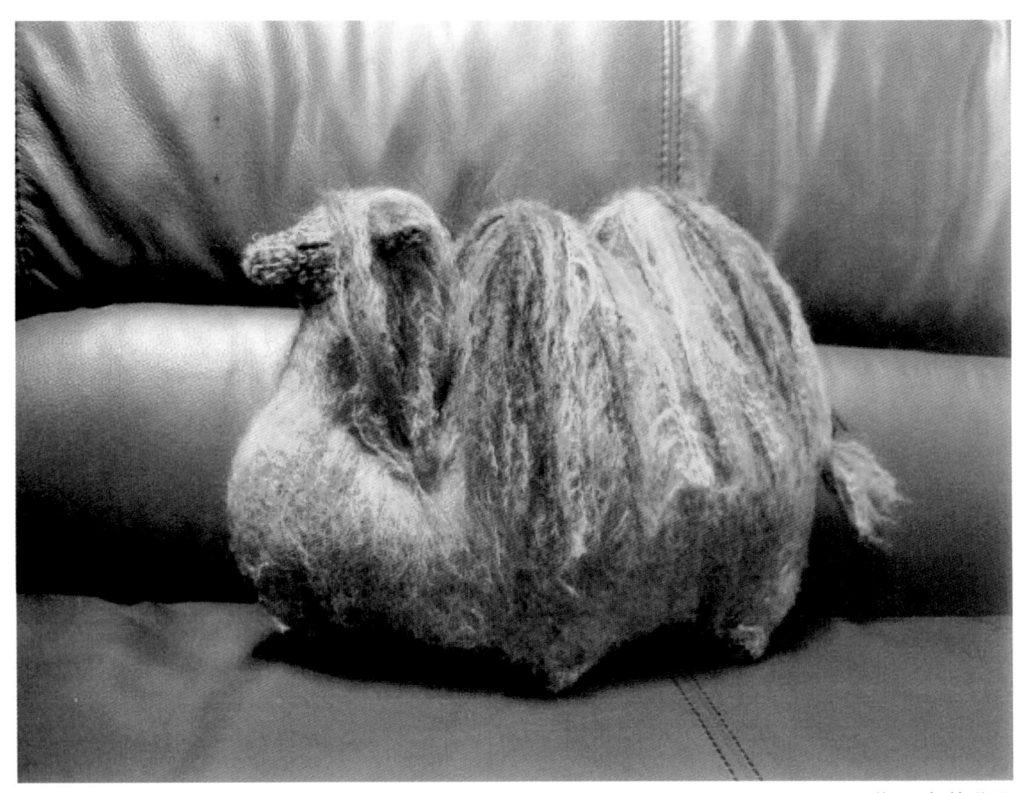

作：斎藤公子

書名『イラスト版斎藤公子さくら・さくらんぼリズム遊び』について

「さくら・さくらんぼ」という呼称は、埼玉県深谷市にあるさくら保育園、さくらんぼ保育園、第二さくら保育園という特定の園を称しているわけではありません。

故斎藤公子先生のメソッドとして、この数十年にわたって全国的に実践され使われているリズム遊びの通称として用いているものです。

（Kフリーダム／前田綾子・富岡美織）

第４版：刊行にあたって

コロナ禍を超えて

2020 年～ 2023 年までの新型コロナウィルス禍、ネット社会の普及、少子化。この時代の流れの中で新しく産まれてきた赤ちゃんに変化が起きています。 2024 年度、0 歳後半～ 1 歳前半で入園してきた乳児の特徴はからだが小さく、虚弱な印象を受ける子が多い。頭・顔は大きいがからだが細く、なかなか赤ちゃんらしい体形にならない。コロナ以前は生後 10 か月、早い子では 9 か月くらいで歩いていた子もいるのに、コロナ後は歩き始めが遅く、1 歳 5 ヶ月を過ぎてもなかなか歩かない、という赤ちゃんもいます。

そして、哺乳や捕食時に まわりの物音や動きに敏感なため壁や仕切りをつけた狭い場所の確保。 だから 食事に時間がかかる。そして 1 歳半を過ぎても なかなか普通食に移行できない、という現状 があります。

子どもの描画の変化

歩行が確立し、ペンやクレヨンを口に入れなくなったら、四つ切の大きな更紙に絵を描き始めます。満 1 歳頃から、点描から横振り、そしてぐるぐる丸を描き始めます。最近の子ども達のぐるぐる丸の描き方が 、外向きではなく内に向く丸の描き方をする子が増えています。丸を描くときに外向きに描く子は四つ這いをしっかりやって、腕で床をしっかり押して這い這いする動作が身につき、描画も当然、押す力で外に向くはずです。ところが十分に四つ這いをしてきた子でさえも、内まわりのぐるぐる丸を描く子が増えています。そして内向きのぐるぐる丸をかなり描いてから外向きのぐるぐる 丸 を描き始める、という傾向があります。また満 2 歳～ 2 歳半で丸とじの絵を描いていましたが、近年 3 歳までに丸が閉じればいいのではないか、というように捉えています。子どもの描画の発達 の順序や時期は子どもの認識やからだ・心の発達と密接につながっています。

生活リズムの立て直しを

新型コロナウィルスよって 世界中が不安に包まれた 4 年間でした。急速な少子化もその影響下にあるでしょう。妊娠中の母にとっても緊張や不安を強いられ、赤ちゃんが母の胎内の羊水の中でゆったりとからだをゆだねられない。このことは赤ちゃんの 五感への 過敏さ（音や光やまわりの気配や味覚、触覚など）につながると思われます。

そして赤ちゃんだけでなく、コロナ禍の生活の閉塞感、不安感、4 年間のマスクによる顔（表情）認識の弱さ、それと反比例するネット社会の普及は、機械音や動画があふれています。大人が常に携帯電話の画面を見ている姿を子どもが見ています。そして顔の見える関係から顔が見えない関係への変化。携帯電話のメール・LINE のやりとり。大人社会には便利ですが、子どもが育つ環境としてはいびつになってきているのもまた事実です。ことに YouTube の日常化は、1 週間待たなくてもドラえもんやアンパンマンを見ることができる時代になってしまいました。

夜寝る前は必ず、絵本やお話を読んでもらう習慣は子どもの想像力をはぐくみ、父母の声の調子で安心して眠りにつく時間帯です。夜遅くまでの動画を見ることで、子どもの脳は覚醒作用が強くますます眠れません。早寝早起きは脳を育てる、成長期の子どものホルモンバランスを整えるなど、一生涯の基礎的な土台です。そして、朝の和食は内臓を育てるための大事な栄養源であり、内臓は随意筋と不随意筋がバランスよく人間の意志とは別のところで働いています。【快眠・快食・快便】の生活があってこそ、昼間は活き活きと活動できるからだになります。

斎藤公子先生が考えたリズム遊びの内容が現代科学によって、どういうからだを育てているのか、骨格や筋膜からのアプローチや深層筋や表層筋の働き、呼吸との関係、緊張と脱力の本来の意味などが解明できるようになってきました。

人間が文明によって弱くなっても、それを補う脳科学やインターネットの社会ができあがってきています。こうした便利さを謳歌する反面、隠れたマイナス面にもしっかり目を向け、AI に使われるのではなく、AI を使いこなせるだけの体力や頭脳そして心を身につけるために、必要な乳幼児期の過ごし方を学ぶ必要があると、強く感じています。

食欲旺盛な 10 か月の赤ちゃん

2024 年 9 月 12 日
前田綾子

<序文>
子どもの本質を見極める リズム遊び

小泉英明

小泉英明プロフィール

「学習・教育」を自然科学から新たに定義すると同時に、脳の働きを可視化する方法を生み出して、科学的な研究と実践を可能にした。ローマ教皇庁科学アカデミーの創立400周年に「脳と教育」の招聘(しょうへい)講演。ヨハネパウロII世教皇から、心の計測の展開に励ましの言葉を賜る(2003年)。講演内容は英国ケンブリッジ大学出版局から書籍の章として出版された。また、アントニオ・バトロー教授（ピアジェの直弟子）から、パタゴニアに招かれピアジェの考えを直接伝達された。国際学術誌『心・脳・教育』（ワイリー出版）の創刊に副編集長として参画（編集長：ハーバード大学カート・フィッシャー教授)。人文・社会科学と自然科学を繋ぐ世界で最も注目される新学術誌として、米国出版協会賞を受賞（2008年)。バトロー教授からフランシスコ教皇に紹介され、ヴァチカンにて数度謁見。一方で、仏教諸派からも学び続けている。物理・環境・医療の各分野で国内外の受賞多数。

斎藤公子先生は、沖縄6箇園の合同卒園式をお元気に取り仕切られた翌月、2009年4月に88歳で逝去されました。先生の純粋な志を継ぐ方々が、今も真摯な活動を続けておられます。胎児期・乳幼児期の発達が、人間の一生を通じて極めて大切であることが、科学的・医学的にも頓(とみ)に明確になってきました。子どもの発達を科学的に捉えた保育実践の先頭を、生涯走り続けたのが斎藤公子先生です。遺された宝物は、ますますその輝きを増しています。

時宜を得た今、子どもたちを常に中心に据えた斎藤公子先生の志を、保育に携わる多くの心ある方々が正しく実践するために、素晴らしい書籍が出版されることに大きな喜びを禁じ得ません。

なぜ、今、本書が必要とされるのか？

斎藤公子先生がご存命の時から、先生が関わられた優れた書籍がたくさんありました。

そしていま、先駆的な書籍の刊行と試みの結果として、先生の没後15年を前にしたこの書籍が現れたのでしょう。今回の書籍は過去の書籍と大きく違う点があります。87種類の「リズム遊び」

のそれぞれについて、初めて触れる方々にも入り口から学べるように丁寧なイラストと写真を用意して、実践のポイントを分かり易く示すように工夫されていることです。

実際に斎藤公子先生がその場で指導されている映像や写真はたくさん遺っているのですが、それを見ることによって「リズム遊び」を理解することは、意外と難しいのです。前田綾子・富岡美織の両先生は、一人一人の子どもたちに情熱をもって直接触れて、そして行動を共にしながら「リズム遊び」を長年にわたって実践・指導して来られたのです。その真髄を伝えることにさまざまな工夫をこらして、この度、荻原風佳氏らとご一緒に素晴らしい作品を創られました。この書籍ほど、「リズム遊び」を最初に学習するための勘所を抑えた書籍は過去になかったのではないかと思われます。「斎藤公子のリズム遊び」の出発点となる教則本といっても過言ではないと感じます。多くの志ある方々と共有されて、今後、さらにブラッシュアップされて行くことでしょう。

オリンピックには優れたドキュメンタリーフィルムが残されています。その作品を見て、歴史的な選手の活躍に感動することはできても、個別の種目をそこから実際に学ぶことは困難です。過去の優れた作品群から、斎藤公子先生の考え方や実践の素晴らしさに感動することはできても、そこから実践の本質を学び取る事は極めて難しいという現実がありました。そこには丁寧な教則本が必要不可欠です。全体の多くの要諦がコンパクトにまとめられた教則本があって初めて、現実の実践が開始できるのです。

保育現場の方々は、どうしたら斎藤先生のような保育者になれるかと、一生懸命考え、そして努力しておられる方々も多いと思います。とりわけ若い方々は、先輩からお話しを聞かれても戸惑うこともあるのではないでしょうか？それは斎藤公子先生があまりに時代に先駆的であって、門下生がその真髄と全体像をつかんでおられる方が少ないからだと思うのです。そこで今、活躍しているお弟子さんが、それぞれに受け継いだ異なった宝物を互いに共有しあって、宝の山を築くことが必要なのです。この本を手に取られたのは何かの偶然かも知れませんが、斎藤公子先生の響きを心のどこかに感じられたら、その日から、ご自分で斎藤公子先生の志を引き継ぐ保育者への最初の一歩を踏み出したことになると思います。

斎藤公子先生はよく私に、「あの人はもう自分一人で先へ進めるので、距離の遠い場所にいても大丈夫」と嬉しそうに語ってくださいました。そのような斎藤公子先生の志を心と身体で受け継いだ方々は、先生のお言葉通りに、北は北海道から南は沖縄に至るまで、子どもたちとご自分を信じて日本中で大活躍されておられます。いうまでもなく斎藤公子先生は、お弟子さんを近くに囲い込むような狭量な保育者ではなかったのです。

その全国に分散された志ある方々が、それぞれの実践の中で、斎藤公子先生の本質を見出したり、さらに新たな保育の視座を見出したりされています。

科学者・哲人としての斎藤公子先生

私の限られた経験からも、相手の立場を思いやったり温かな心に溢れた人々には、斎藤公子先生への敬愛の情が、自然に芽生えていることに気付きます。斎藤公子先生に、どこまでも協力を惜しまなかった科学者や思想家、そして芸術家は、皆そういう人々でした。それぞれの専門の道で世界的な業績を上げた方々なのに、名誉欲が少なく自己中心的な我欲の薄い方々であったことが共通点だと感じます。それは私が主観的に感じただけでなく、それらの方々の業績と生きざまを調べてみれば、科学的・歴史学的に証明できる事柄です。

例えば、三木成夫先生（1925-1987）は斎藤公子先生が敬愛された解剖学者でしたが、そのお考えが、時代よりもあまりに先を行っていたので、当時は学術分野の理解も一部に限られていました。しかし、逝去されて30年以上過ぎた今も、大きな書店には新たに再版された書籍が積み上がっていることがあります。現在ご活躍の解剖学者の養老孟司先生も、三木先生にはずっと敬愛の念をお持ちです。

そして、『斎藤公子保育実践全集』の中に、西田幾多郎先生の流れを汲む哲学の泰斗（たいと）、柳田謙十郎先生との共著『哲学と保育』（創風社、1986年）があります。多くの学者が、斎藤公子先生に協力を惜しまなかったことは、例えば『みんなの保育大学』の学術書としての質の高さが証明しています。

自宅近くの世田谷図書館で、私も偶然拝読した名著『井尻正二選集』（全10巻）で、斎藤公子先生もその選集の編纂委員でいらしたことを知りました。井尻正二先生（1913 - 1999）は言うまでもなく日本の古生物学・進化学の重鎮で、ナウマンゾウの化石の発掘を初めとする多くの業績で知られています。

斎藤公子先生が子どもに接する原点は、幼い子どもの心はどこまでも澄み切っている事です。無垢の子どもたちを、どこまでも信頼することだと感じます。厳しくても信頼によって、子どもはますます素直になります。若い保育関係者の情熱は、斎藤先生に近づく原動力です。全身・全霊で子どもに接することができるからです。斎藤先生は、いつも全力で子どもの心を観ておられました。決して必要以上のことはなさらずに、子どもたちの自発性にまかせていましたが、一切、手を抜くことはありませんでした。

保育実践のみならず科学者・哲人でもあった斎藤公子先生の後に続くことは、誰しも容易ではありません。それぞれに理解し、実践した結果を皆で持ち寄り共有して、子どもたちへの贈り物を積み上げて行くことが、今後は大切なことだと思われます。

斎藤公子先生の最後の実践

古代ギリシャの哲人達は、知を三つに分類しました。観照知（Theoria）・制作知（Poiesis）・実践知（Praxis）です。保育で言えば、まず正確に観察して実際を把握する、つまり観察眼です。そして具体的にやるべきことを新たに編み出すという創造性です。最後にそれを子どもたちの未来のために、日々実践するということです。斎藤公子先生は、そのどれにも突出しておられました。子どもの本質を見極めた結果を、新たな「リズム遊び」に展開し、日々実践されたのです。

極めて困難でも可能性のあることは断らないのが斎藤公子先生でした。けれども、オランダと日本の医療制度は異なり、しかも外国から来日した方々の医療費は保険のような制度で守られてはいないのです。斎藤先生は、ご自分の住まいを、長期滞在するトスカとその家族に提供して、ご自分はあばら家のようなところに移りました。これほど真摯な斎藤先生のお姿に、幸あれと感じたのは私だけではないでしょう。

このトスカのケースは英国BBCから、“Tomorrow’s World”（明日の世界）という一般向け科学番組で紹介されました。撮影に来日したBBCクルーのキャスターは、当時から活躍していたフィリッパ（Philippa Forrester）でした。

ピアジェの直弟子バトロー教授とパタゴニアにて

私は、偶然、斎藤公子先生に出会えて、本当に幸運だったと思います。教育学・発達心理学の租の一人であるピアジェ（Jean Piaget, 1896 - 1980）も、斎藤公子先生に近いところへ辿り着きながら、いくつかの本質的な事情があって、その想いを果たせなかったと個人的には考えています。斎藤公子先生は古生物学者の井尻正二先生と出会いましたが、ピアジェは本人自身が、軟体動物の進化の研究で理学博士号を得た古生物学者でもあったのです。果たせなかった統合理論完成への夢は死ぬまで持ち続けていたと私は考えています。ピアジェの本質については、皆様とご一緒に斎藤公子先生の実践を進めて行く中で共有させていただきたいと願っています。

<目次>

第６章　年長のリズム 応用編

第７章　親子で楽しむリズム遊び

第８章　赤ちゃんの育て方とリズム遊び

第９章　寄稿文

目次

リズム遊びを始める前に確認しておきたいこと

「健康でたくましい子に育てたい、しなやかな身体の子どもに育てたい」。しかし、産まれてくる子どもは、丈夫な体質の子もいれば虚弱な子もいます。弱さをもっている子たちだからこそ、リズム遊びを取り入れたいです。

そして子どもの活動にケガはつきものですが、できるだけケガをしないような配慮や、もし避けられないものであっても軽くすむような、先を予測する力が保育者には必要です。リズム遊びは子どもがけがをしないためにやる、という位置づけもあります。なぜならリズム遊びが定着するうちにけがが減る傾向があるからです。それは子ども自身が自分の身体を自分で守るような動かし方を体得していくからでしょう。乳幼児の園の様々な事故は、弱さをもつ子どもが犠牲になることが多く、このことを常に念頭におくことが保育者には求められます。

しかし過保護な保育は子どもの自立心や自分を守ろうとする力が育ちにくいのも事実です。そして複数担当による保育者同士の意思疎通(コミュニケーション)も必要になります。こうした現状から、とても難しいことですが、保育者には子どもを観察しながら臨機応変に対応する資質が求められます。

1．リズム遊びをするにあたっての基本的な配慮

①　リズム遊びをする場所。ホールの床の硬さと広さの確認。一度にやる人数をどうするか？

♦ 子どもは何もないところでも転ぶ、自分の足につまずいて転ぶこともあるので、転んだ時の床の硬さはどうか？転び方はどうか？手が出たか、出なかったか？他の子とぶつかって転ぶ場合もある。

♦ 広い場所にも関わらず、他の子とぶつかる子もいる。そういう子がクラスに複数いる時はリズム遊びをする前にやっておくべきことがある。それは集団遊びの前の個別プログラムである。

♦ リズムをやる場所に机やテーブルなどの物が隅においてある場合、それにぶつかってケガをすることもある。こぶができるだけではなく、切れたら救急車を呼ぶことになる。こうしたことを保育者が予測しているかどうか？

②　リズム遊びをする場所の床の硬さは？広さは？

♦ 床が硬い場合は走るリズムを減らし、ハイハイなど低い姿勢のものをやる。一度の参加人数も減らし、できるだけぶつからないようにする。（床材はひのき、床の下に空間がある構造が理想的）

③　リズム遊びの特徴

♦ リズム遊びには「走る・止まる」「あえて転ぶ」動きがある。“かけっこ・うま・きしゃ・こまこままわれ・ランアンドストップ”のようにピアノの音で止まったり、走りながら床に伏せる動きがあり、転び方の練習になっている。

♦「動と静の組み合わせ」が基本であり、ピアノの音を聞き分け、どう動くかを自分で判断する。音を聞き分けることが苦手な子は、他の子を見て真似てやっていることもある。

④　子どもの服装

♦ 半袖半ズボンの動きやすい服装。なるべく薄着でやりたい。冬、暖房設備が整っていない場所では走るリズムなどで、からだが温まってきたら薄着にさせたい。

⑤　歌や手遊び

♦ リズムの前に季節や行事の歌などを取り入れたい。手遊びも同様。

⑥　0 歳児から 5 歳児までの参加のしかた

♦ 歩行が確立する前の子もリズム遊びにぜひ参加させたい。見る・聴く参加。乳児期後半の赤ちゃんはリズム遊びを真剣に見て聴く。脳が育つ時期なのでぜひ、参加させたい。時間の目安は 30 分くらいから。

♦ 1 歳児でもやれるリズムはあるので 20 〜 30 分くらいは参加させたい。

♦ 2 歳児は 30 〜 50 分くらい。3 歳児以降は交代の時間を含めて 1 時間半くらいが目安になる。

♦ 異年齢リズムも楽しい。“金太郎、手押し車、トロイカ”など大きい子が小さい子にやってあげたい。

⑦　**毎日リズムに取り組むための工夫**

◆ 各クラスの部屋で待ち時間を減らしたリズムは走らなくても、充分からだを動かすことができる。15 分でもよい。3・4 種類のリズムだけをやる。たとえば“うさぎ・こうま・かめ・あひる・※うさぎ”これらを毎日やるだけで子どもたちの身体は変わってくる“金魚・どんぐり・両生類ハイハイ”を混ぜてやりたい。（※２回目のうさぎは整理運動の意味で最後にやる）

◆ 夕方のリズムは楽しい。子どものからだがよく動くので午前リズムよりも、その違いを子ども自身が感じ取る。とくに“かめ”や“あひる”がやりやすくなる。

◆ 広いホールで園全体でやるリズムは待ち時間が長い。その間にトラブルが起きやすい。だから週１回というやり方もある。他のグループがやっているときに見たり、応援するようになるのは５歳児以降かもしれない。

担任の保育者は自分たちの番になったらさっと出るかどうかを基準に考え、他のグループがやっているときには大きなトラブルにならなければ見守り、こまごまとした注意は避けたい。（見る力を育てる）

◆ ロールマットは本来なら各クラスにひとつずつ必要。“ロールマット・ぱんこね体操・金魚・どんぐり”は一人ひとり個別にていねいにやりたい。スキンシップにもなるこうした個別のリズム遊びはゆったりとした気持ちで楽しくやる。

２．ピアノの弾き方について

◆ 楽譜を掲載してあるが、左手の伴奏はピアノを弾く人の力量で変えてよい。しかしピアノが上手だからといって、クラッシックの名曲のような伴奏はかえってリズム遊びがやりにくい。

◆「楽譜を見ないで子どもを見て弾くように」が斎藤先生の口癖であり、子どもが心地よくリズム遊びに参加できる弾き方がよい。強弱のつけ方や速く弾いたり、ゆっくり弾いたり。

◆ どのフレーズを何回弾くか決まっていない。子どもの動きを見てリズム遊びをリードする保育者が決めたり、ピアノを弾く人が決めたりする。

◆ リズム遊びの順は、最初はゆっくりした準備運動的なものから始める。進化の順序に沿って“金魚・どんぐり・両生類ハイハイ”と決めて同じようにやる必要はない。子どもたちのワクワク感を引き出したい。

◆ リズム遊びの楽譜に前奏が載っているもの（“とんぼ”“つばめ”）などはその前奏を弾くが、載っていないものは前奏は弾かない。子どもはそのはじめの一音で何のリズム遊びかがわかれば瞬時に飛び出す。

◆ 斎藤公子が考えたリズム遊び以外のものを「応用編」として掲載しているが、各園の状況に合わせた独自のリズム遊びを創作してほしい。ただし斎藤公子のリズム遊びは障がいのある子でも楽しめるような基本的なものが主で、難しい舞踊のステップや複雑なものは取り入れていない。

◆ ピアノか？　電子ピアノか？　自然音のピアノが好ましい。しかし中にはキーボードや電子ピアノしかない園もある。電子ピアノの音質と自然音のピアノの音質は明らかに異なる。斎藤公子の保育は「本物を子どもに与える」という大きな命題がある。「本物を子どもに！」というスタンスは園全体がそういう立ち位置にたなければ実現しない。子どもの聴覚に届く音の質を子どもの脳は聞き分けているので、聴覚過敏などの症状の子どもにとってはどうだろうか？　刺激の強い機械音が溢れすぎている現代において、乳幼児が過ごしやすい「環境」をあらためて考えたい。

◆ 紙面の都合で楽譜が掲載されてないリズム遊びがあるが、楽譜掲載の書籍を明示してあるのでそちらを参考にしてほしい。

◆ 今回は 87 種類のリズム遊びの紹介に留まっているが、実際にはもっとあるので、それも追い追い紹介したい。

以上、基本的な確認事項です。各園の実情に合わせ、創造しながら実践していくのが斎藤公子のさくら・さくらんぼリズム遊びです。

どうぞ、目の前の子ども達に合わせたリズム遊びを創造・実践していってください。決して、こうでなければならない、ということはありません。臨機応変に柔軟に対応していきましょう。

第１章 基本のリズム

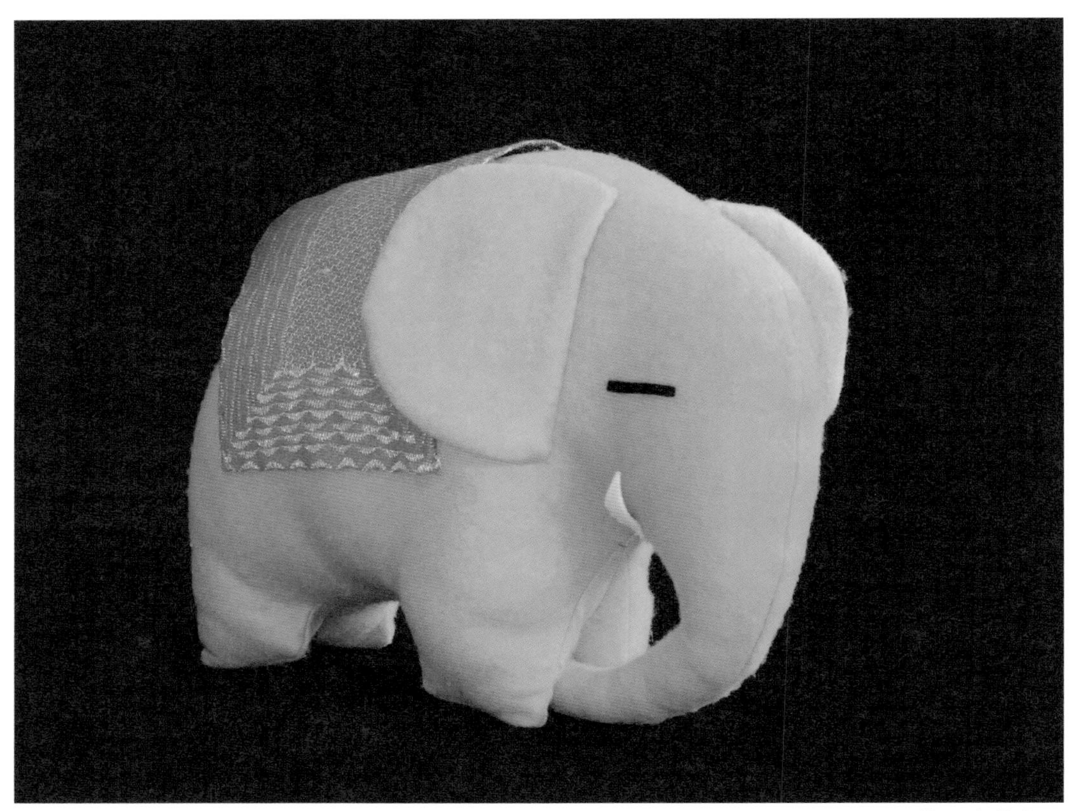

作：斎藤公子

第１章　基本のリズムについて

進化の歴史を学ぶと、「人間とは何か？」という疑問と共に「子どもとは何か？」という疑問も同じように出てきます。子どもは決して大人の縮小版ではありません。そして子どもが育つ過程には、「順序」があります。それは身体も心も、そして脳にも順序があることがわかってきました。

1.「 どんな子どもに育ってほしいか？ 」という願い

この願いが「愛」と言えるのではないでしょうか。それは「どんな人間になってほしいか？」という人間観につながります。人間は歩行開始までに約１年がかかるので、赤ちゃんなのにまわりの大人へのアピール（泣く・笑う・目を合わせるなど）が身についています。動物は出産後、自力で移動し、お乳を飲みにいきますが、人間の子どもは放置されたら生きていけません。そして成長しても、ひとりでは生きられません。群れをつくって生き、人と人との関係の中で生きていかなければなりません。したがって言語をもち、コミュニケーションが必要になるのです。

2. 乳幼児期は「根っこ」を育てる時代

乳幼児期を植物に例えるなら、「根」を育てる時期。種をまき、新芽が出てから、しばらくは目に見える生長がないように思える植物。この間に地面の下ではどんどん根を張っています。私たち大人は、種をまく前に土作りをしなければなりません。どんな土なら根を大きく張り、太い幹になり、多くの葉を茂らせるだろうか…。子どもが育ちやすい環境を整えることが土作りと言えます。早く花を咲かせ、早く実をつけてほしいと、早く知りたい気持ちで子どもを育てている親御さんは多いと思いますが、時間は必要です。子育てとは待つこと。その期間をしっかり待てるかどうか…。

3. 身体と心と脳の成長発達

身体の成長は、乳幼児期の０歳から６歳までの期間で子どもの体重は６倍、身長は 2.5 倍。身体の面だけをみてもこんなに成長します。ということは骨・筋肉・内臓・脳などが飛躍的に育つ時代でもあります。最近の胎児の研究から赤ちゃんの脳のことも多くのことがわかってきています。

心の豊かさは愛着形成が基本になります。愛着形成は母子関係がその元です。母子関係が良好であれば、子どもと保育者・養育者との関係もとりやすいものです。母子（または養育者と子）関係は具体的には皮膚接触が中心であり、母乳・添い寝・抱っこ・おんぶ・話しかけたり、歌を歌ったり…。赤ちゃんを可愛いと思える気持ちが自然に母性につながります。しかし抱っこやおんぶの時間が長すぎたり、最近の住環境から、ハイハイするスペースがなく、赤ちゃんが充分動けなかったりすると、身体の発達が疎外されることもまた事実です。

脳の成長と言っても、身体と心と脳、この三つを切り離しては考えられません。身体の成長は普通なのに、知的発達が遅い赤ちゃんもいます。また最近は身体と脳は正常なのに、親または養育者からの虐待を受け、心が育たず、身体も小さいまま、自分を閉ざしてしまい、知的な発達も疎外される子どももいます。

早期知的教育は昔から行われていましたが、その時の知的な刺激だけでは忘れてしまいます。ところが０歳の頃からの身体づくりは身体が憶えています。ここが早期知的教育との違いです。

０歳からの保育は身体と心と脳がバランスよく育つことが条件です。「障がいの早期発見・早期治療・自然治癒」という斎藤公子の保育実践があります。

しかし、それは保育園だけのことではなく、家庭と園とが信頼関係を築いていること、保護者が安心して園に子どもを預けている状況から生まれるものです。

以上のことを踏まえて、脳の進化の歴史をひもとくと、魚類や両生類・爬虫類時代の脳は1・2歳児のイヤイヤ期､噛みつき行動や探索心などに現れています。人間脳と言われる大脳新皮質以前の段階を急がないで、充分にゆったりと過ごすこと。何にでも興味をもつ探索期。感覚を中心とした水遊びや泥んこ遊び、子どもが自然環境の中で自ら見つけたものや興味を示したことにゆったりと寄り添い、共感する生活は、水や土、昆虫や小動物、きれいな花や実を見つけ、可愛い手を伸ばす。月や星の存在を気づかせてくれるのはわらべうたや絵本なのでしょう。また四季の移ろいを楽しむ。こうした環境で育つと、子どもは知識としてではなく、体験として多くのことを脳に記憶させていきます。五感をフル活用した生活と、信頼できる大人や仲間と一緒にいる環境で育ちます。心の育ちは信頼関係や安心感の中ではぐくまれ、子ども同士の関係、大人と子どもの関係、大人の関係（家族の中での人間関係、職員集団や親集団）の中で育ち合うものです。

4. 基本のリズム遊び

金魚運動は進化の歴史のなかでは、動物の一番はじめの移動運動です。背骨をくねらせながら進むこの動きが、脊椎動物である魚類と哺乳類である人間にも、共通する非常に有効な運動形態です。背骨が骨格の中心です。そして脳にも直結している脊椎を、よりよい状態に保つことは子どもの健全な成長を促すことになります。

“金魚・どんぐり・両生類ハイハイ・ロールマット”を毎日やることは、からだのみではなく、見る、聴く、感じるといった五感への心地よい刺激そのもので、からだの血流のよさはそのまま脳の血流もよくしていきます。

最初に“金魚”をやるのには意味があります。金魚運動はからだをゆるめることを促します。まず、ゆるめてから、筋力をつけることがポイントです。ゆるめることなく筋力をつける運動をすると、その子どもがもつからだの癖（左右差など）が増長する場合があり、からだを痛めることになります。

そして子どもが自分でやる“金魚”は必ずしも“金魚”になっていないこともあります。カタチだけのマネであり、力を入れて揺らしていてはゆるめることにつながらないので、少しの時間でもいいので個別に金魚運動をやってあげることが必要です。ゆらゆらと揺らすことが“金魚”の基本で、それは背骨だけでなく関節のすべてに共通しています。膝関節の痛みにも膝頭をゆらゆらさせたり､指関節もブルブルと振ったり、足首なども同様です。

直立人の脊柱ができるまで

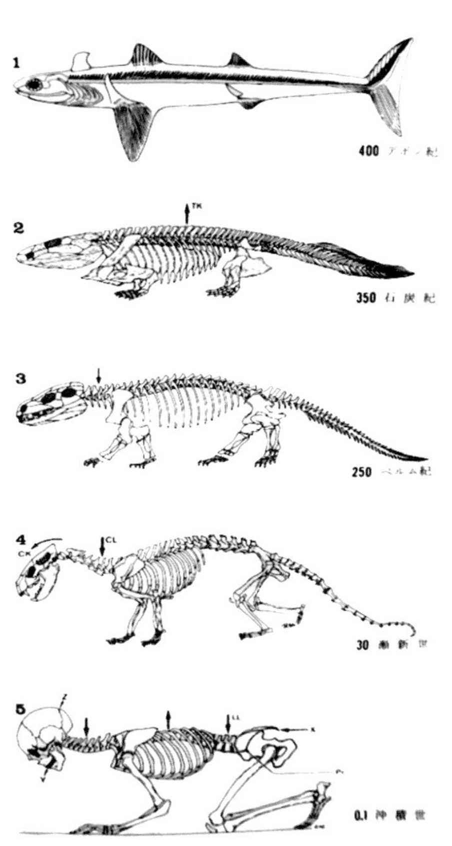

『内臓のはたらきと子どものこころ』三木成夫 著
脊椎動物は上陸と共に腹這いから四ツ足に進化をとげるが、腹方に肋骨を出し、その突端は胸骨で結ばれる。胸郭はこのようにしてできるが、哺乳類ではその裏に横隔膜が張られる。

1. 金魚

▶ 対象　１歳児～（0 歳の金魚は８章参照）
▶ 楽譜　『斎藤公子のリズムと歌』p.41

① 仰向け（仰臥位）：仰向けに寝た時ふーっと息を吐く。まずは楽な姿勢でゆらゆらと身体を揺らしてみる。うまく揺れそうなら、両足の踵（かかと）をそろえ、両腕から伸ばした手は肩はばより少し広く間隔をあけ、手のひらは自然に広げる。この時、肘（ひじ）は伸ばす。この姿勢でまた、ゆらゆらとおへそを中心に背骨をくねくねと揺らす。
②③ の動きでうつ伏せになる
④ うつ伏せ（伏臥位）：仰向けが終わったら、足の親指を中心に床を蹴って寝返る。おでこを床につけ、踵をそろえ、足指（親指を中心に子指くらいまで）を床につける。
※足指を返すことは足指の硬さ柔らかさの個人差が大きいが、金魚などの基本のリズム遊びをやっていくと柔らかくなっていく。しかし足指が硬い人は無理をしない方がよい。

Point

- 足の長さを確認します。仰向けよりうつ伏せの方がわかりやすい。くるぶしの位置で両脚の長さがピッタリ同じであればいいが、違う場合は金魚で揺らすことで同じ長さになっていくことが多い。長さが違う子は継続して観察しましょう。
- 足を観察します。大きさ・厚さ、足指の観察。（足指変形の有無、浮指など）
- 股関節・脚・膝・足首（ アキレス腱の状態や内反足・外反足・O脚・X脚 ）などを観察します。
- うつ伏せで、肩、肩甲骨、背骨など観察をします。側弯があると足の長さも違ってきます。
- 仰向け金魚の時におへその裏と床との間に空間ができていることがあります。反り腰になっているので、膝を立てて背中を緩めてから金魚をします。
- うつ伏せになったとき肩が盛り上がっているときは、首を向きやすいほうへ向け、金魚をします。逆側もやります。その後おでこをつけると肩の盛り上がりがはじめよりは下がります。

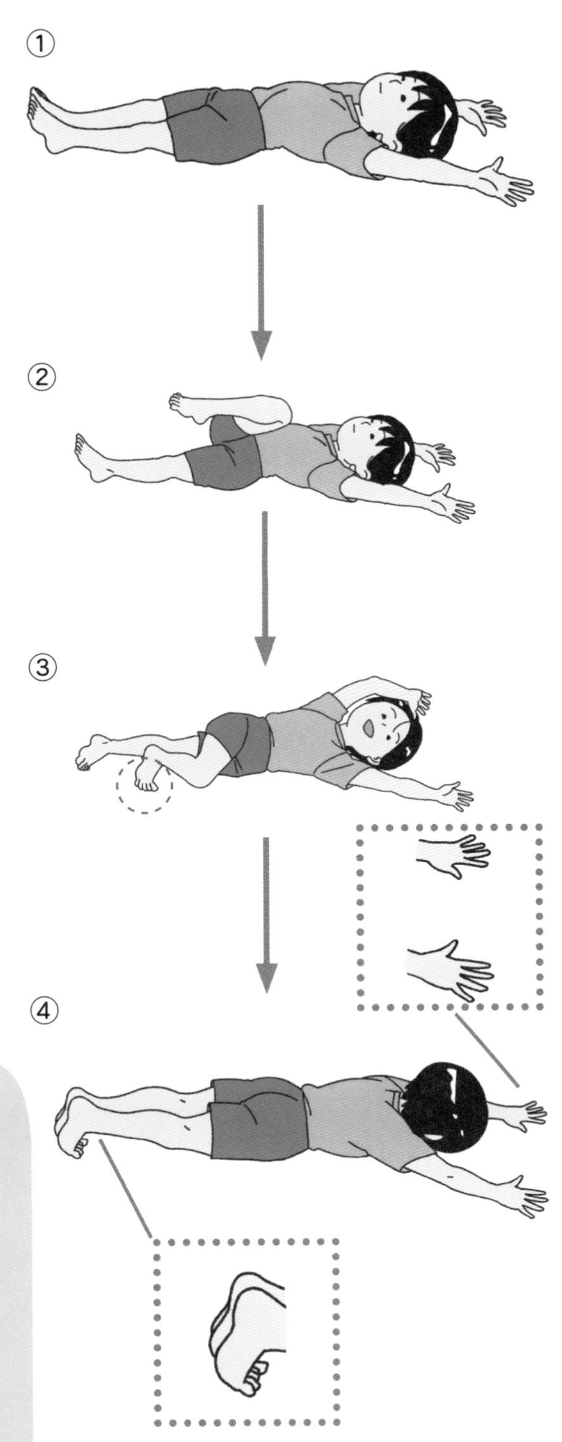

☆この時、手指がきれいに開き、足指が床に着いているように注意する。

介助の方法

1．仰向け金魚

① 子どものおへそのところに両手を添えて揺らす。この時の介助者の手は重ねてもいいし、絵のように重ねなくてもよい。介助者の感覚や介助される子どもの様子からやりやすい方法を選んでほしい。手で押さえつけないで腕の重みで子どものお腹あたりを揺らす。

この時の介助者の座り方は両足の指（親指〜小指まで）を返してもいいが、返さなくてもよい。

② 子どもの骨盤の左右に手を添えて横に揺らす。

③ 子どもの足を大人の膝に乗せて揺らす。手を添えるときは、足首を握らず（*1）、子どもの足の外側に手を添える。 このとき、介助者は自分の腰を揺らし、その振動を子どもに伝える。

2．うつ伏せ金魚

① おへその裏に手をあて、ゆらゆらと揺らす。踵をそろえることができない子どもの場合は、介助者は片手で踵をそろえ、片方の手でおへその裏を揺らす。

（*1）足首は握らず…子どもの手首、足首はどんな場合も握らない。グイッと握られると不快感をもち、脱力できない。保育者と子どもとの関係は人間として対等平等である。上から目線で保育しないことを体現する。

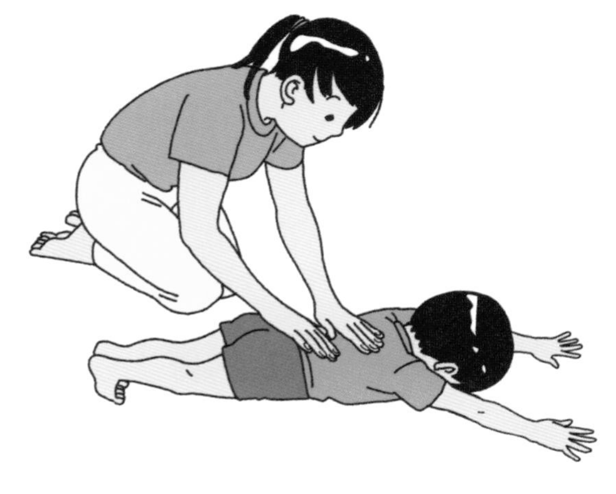

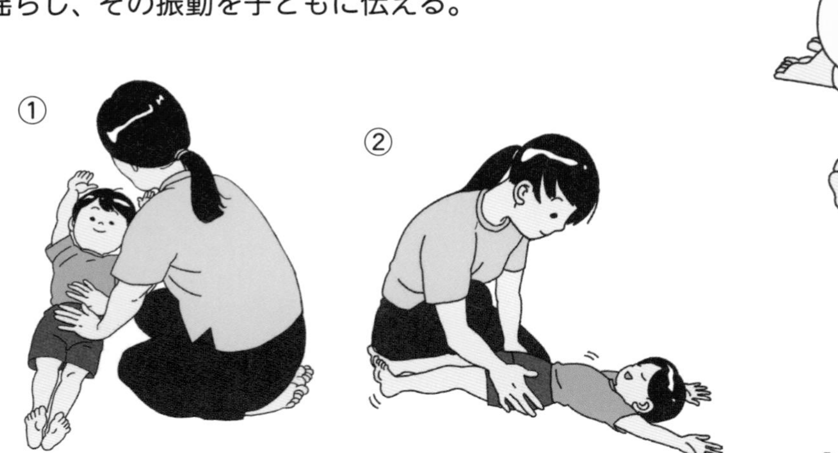
①
②

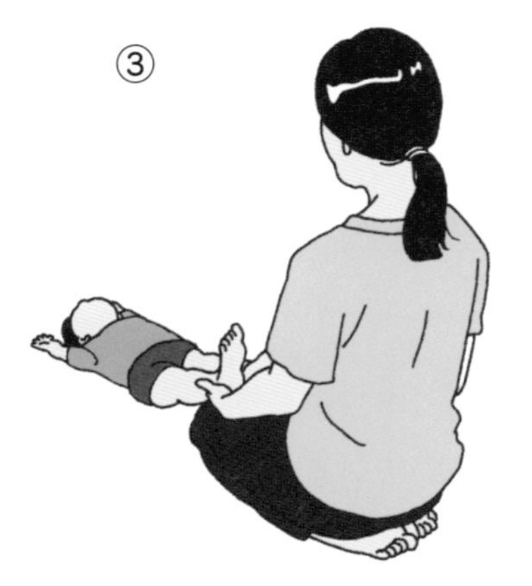
③

金魚のひるね

あ か い べ べ き た か わ ー い い き ん ぎょ
おめ め を さ ま せ ば ご ち そ う す る ー ぞ

介助のポイント

・手指がまるまってしまう子には、手のひらをなでながら開かせます。肘が曲がるようであれば肘を曲げたときにでっぱる骨（ 肘頭 (ちゅうとう) ）を軽く押すと肘が伸びます。上腕の外側から手の方向にやさしく伸ばすようにさすりましょう。
・うつ伏せ金魚をした後、そのままの姿勢で子どもの背骨を首の方から腰にむかって手をあて、背骨のまわりで凝っている場所があったら、そこをゆるめるようになでてみます。
・子どもの背中をなでると意外なところの硬さに気づくことがあります。肩こり、呼吸が浅い（口呼吸)、多動、不機嫌、気難しさ、大人や家族への気遣い、テレビやゲームの見過ぎによる疲れなど…。これらによるコリではないかと推測しますが、子どもなりの悩みがあり、子どもの責任ではありません。ことばでは表現してくれないことも多いでしょう。子どもの身体の悩みに寄り添うことが、より深いところでの子ども理解につながり、共感や信頼関係を築くことになります。保育者の子どもの見方が変わり、さわり方で子どもは気づいてくれるようになります。保育者自身が発するオーラやパワーは子どもへの想いで変わるのです。
・足の長さがかなり違う子は上半身からの歪みがあるかどうかを確認しましょう。立位での肩の位置が同じかどうか、肋骨の最下部（第 12 肋骨）の位置や骨盤の位置はどうかを確認します。

豆知識

・人間の身体は筋肉の【 緊張と弛緩 】を繰り返しながら体重移動をしている。(保持・調整も含めて)
基点（軸）がしっかりしていれば体重がしっかり乗り、体重移動がスムーズだが、基点が定まらないまま体重移動をして歩行すると、ぐにゃぐにゃした歩きや、まっすぐ歩けなかったりする。
・ゆらゆら揺らすことに意味があるので、子どもが仰向け姿勢を嫌がる時はどんな姿勢でもよい。座っていても横向きでも。しかし､継続することで仰向けがいやではなくなり､“ 金魚 ” が心地よくなることがある。
・「ゆらゆら揺らす」ことはすべての関節に有効。
・金魚運動の歴史は西勝造の「西式健康法」や「操体法」から始まっている。

2. どんぐり

▶ 対象　１歳児〜

▶ 楽譜　『斎藤公子のリズムと歌』p.45

①はじめの姿勢

②♪どんぐり♪

③♪どんぐり♪

♪こーろ♪④

♪こー♪⑤

♪ーろ♪⑥

① 仰向けに寝て踵をそろえ、手は自然に伸ばし、手のひらを開く。

② 片方の膝を胸につくくらいまで曲げる。（もう片方の脚は伸ばしたまま）

③ 腰からひねって、足親指を中心に床を蹴る。

④ うつ伏せになる。足指は返し、おでこを床につける。

⑤ 膝をまげずに足を交差する。

⑥ 腰からひねって、仰向きになる。

※ P21 楽譜★マーク参照

Point

・歌に合わせてやる時はこの動きを同方向に４回繰り返し、２番で逆方向に４回繰り返すので元の位置にもどります。大人数でやる時は、ホールの半面に間隔をあけて仰向けになり、皆、同方向にどんぐりをします。
・身体をひねるとき、ふーっと息を吐いて力を抜きながら寝返ると、そのひねりが心地よく、肩も腕も力を抜くので腕はピーンとならず、だらんと床についたまま寝返ります。
・うつ伏せの姿勢から仰向けになるとき、顔をあげたくなりますが、おでこを床から離さずにそのまま腰をひねって最後におでこを床から離す。こうすることで首を緊張させずに寝返ることができます。

介助の方法

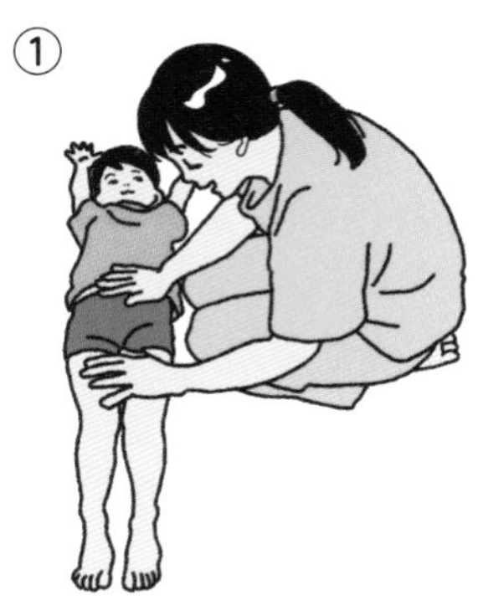

① 介助者は、進行方向の逆側に座る。

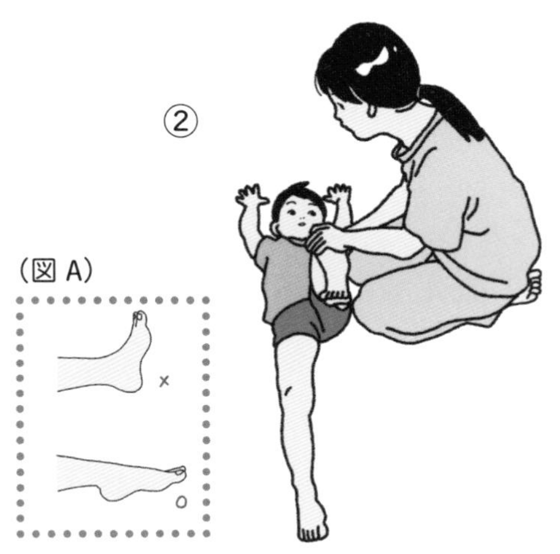

② 手前側の子どもの膝裏のツボ（委中(いちゅう)）に中指をあてると子どもの膝が軽く持ち上がる。膝頭をもち、胸につけるように軽く押す。この時、足首に力を入れないで、力を抜く。(図 A)

③ 曲げた足先を交差させ、床につける。この時反対側の脚の膝が曲がらないように軽くおさえておく。

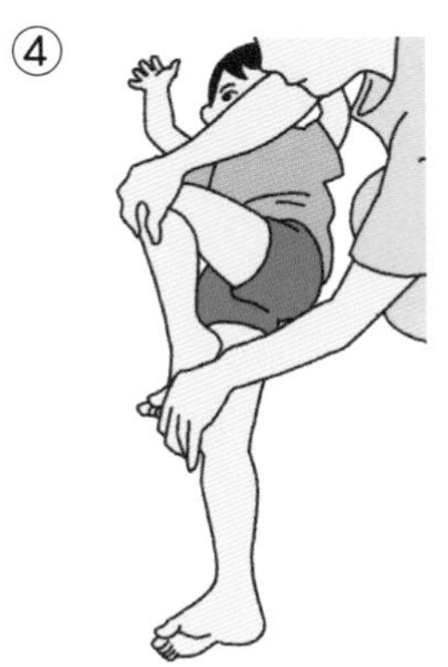

④ 腰をひねる時は、蹴る方の足親指が床から離れないように伸ばしながら、腰をひねる。

⑤

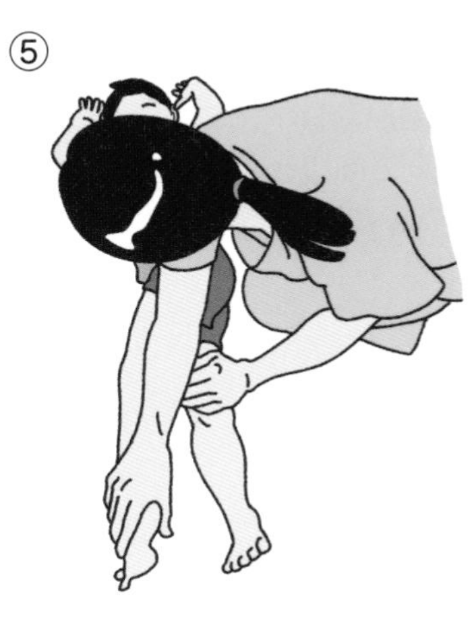

⑤ 腰をひねってから、上半身がついてくる。介助者は交差させた足親指を床につけ腰をひねる。

⑥

⑥ うつ伏せになる。おでこは床につける。

⑦

⑦ おでこは床につけ、膝を伸ばしたまま手前の足を交差させる。

⑧

⑧ 仰向けになる。

同じ方向に 4 回寝返ったら、介助者ははじめとは逆側に座り、どんぐりの介助をする。

どんぐりころころ

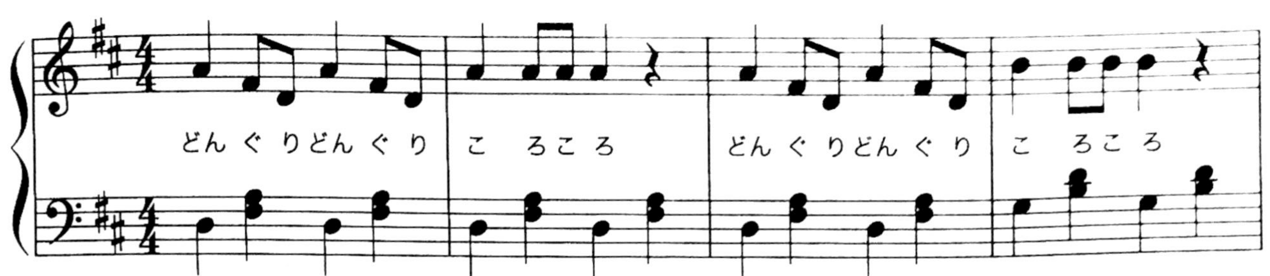
どん ぐ りどん ぐ り
こ ろこ ろ
どん ぐ りどん ぐ り
こ ろこ ろ

★最後の ♪ろ♪ の音を弾く時、少し待ってから弾くとピアノに合わせてどんぐりがやりやすい。(P18 ⑥の動作)

どん ぐ りどん ぐ り
こ ろこ ろ
こ ろこ ろこ ろこ ろ
こ ろこ ろ

豆知識

豆知識　1

・どんぐりのリズムは赤ちゃんの寝返り運動。仰向けで寝ていた子が初めて自分の力でうつ伏せに移動する力の獲得は、0歳児にとって大きな発達の節目。目線の位置が変わることにより視野が広がり、赤ちゃんに新しい景色の発見と喜びがもたらされる。

・同時にこの動きは、背骨をひねることで脳幹へ刺激を送る。そして、寝返る直前の仰向けで両手を挙げ、足の親指を反対側に立て腰をひねる動き (P19 ③の絵) は、胸の筋肉をほぐし胸骨と内臓を正しい位置に戻すという効果もある。

豆知識　2

・腰は前後・左右・斜め右左に曲がり、なおかつ回転もできる。腰が柔らかい人は腰痛になりにくい。腰痛は独立二足歩行になったヒトの宿命だと言われているが、四つ這い姿勢で背骨を動かす動作は効果的。

・“ どんぐり ” のひねる動きはやりやすい側とやりにくい側があるのでやりにくい方はていねいによくやることで身体の柔らかさを保持できる。腰と同様に股関節も柔らかく保ちたい。

3. 両生類ハイハイ

▶ 対象　1歳児～
（介助してやるなら生後10ヶ月以降 ～ ）

▶ 楽譜　『斎藤公子のリズムと歌』p.49

① 胸、両肩を開き床につける。曲げた肘・腕が胸の下に入らないように外側にだす。

② 曲げた右肘と右膝がくっつき、右足は伸ばした左足につく。こうすることで背骨がくねる。これが両生類の動き。

③ 両方の足指を返して進む。

④ 右足で蹴って逆モーションになる。

⑤ この時交互運動になるので、両脚が伸びていることはない。

④ これを繰り返して、両生類ハイハイをする。

☆肘に膝がつくぐらいに近づける。

あごは床につかない程度に下げる。

Point

- 手指を広げ、曲げた方の手のひらで床をすべらせながら両足で蹴ります。
- 両肩が床についていないと、進むとき肘があがるので肩、胸を開いて床につけます。
- 両足の足指を返して蹴ります。
- 息を吐きながら、蹴って進みます。（有酸素運動 息を吐くことで吸うことができる）
- 目線は伸ばした指先で 両生類の舌になり、獲物を捕まえることをイメージしましょう。
- あごは床につかない程度に下げます。顔を下げることで蹴りがでるようになります。

※ 斎藤公子は「両生類のようなハイハイ」について、「0歳児の最初のハイハイである。…」と『さくら・さくらんぼのリズムとうた』p33に書いている。斎藤公子がこの這い這いに着目した経緯が述べられている。ぜひ読んでほしい内容である。※ 本書では「両生類のようなハイハイ」を「両生類ハイハイ」と記述することにした。

介助の方法

① 介助者が２人 （ 右足から蹴る場合 ）

☆前の介助者は子どもの曲げた手の側（右）の肩を両手で挟み肩甲骨を寄せるようにして腕を伸ばしやすくする。

☆後ろの介助者は蹴る側の膝頭をもって少し揺らし、上方（腕の方）へ寄せる（ 右股関節を開かせる ）蹴る側（右）の足指を返し床につける。子どもの伸ばした脚を介助者の膝で挟み、子どもの曲げた足 (右) の方のお尻の骨（坐骨）を押し逆モーションになる。

☆逆モーションになる時、次の脚の準備ができずに両脚が伸びたままになってしまう場合は坐骨を押しながら、外側にくねらせると、次のモーションが出やすい。(右の坐骨を押しながら最後に右外側にくねらせることで左脚を蹴る準備ができる。)

☆後ろの介助者が坐骨を押してから前の介助者が肘を伸ばす。逆になると、前の介助者が子どもの蹴りが出る前に引っ張ることになってしまう。

☆斎藤先生は、この両生類ハイハイは苦しい姿勢(膝をしっかり胸の方にひきよせ、肩・胸は両方とも床につけるという、ひねる姿勢）から一気に解放させるための蹴りであって、そこまで背骨をくねらせながらの両生類ハイハイである。

爬虫類（ワニなど）のハイハイは胴体が地面からはなれ、肘、ひざが立った姿勢で這う。両生類の背骨のくねらせ方と足指の蹴りが子々孫々に受け継がれ、意欲を育てると強調されていた。

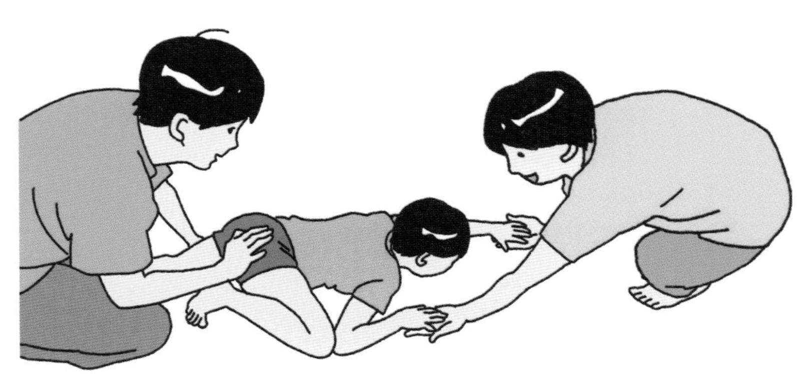

② 介助者が１人

・子どもが両生類ハイハイに慣れてきたら、脚の方の介助をする。

・この場合、坐骨を押す、または蹴るほうの足を止めて蹴りやすくするだけでもよい。

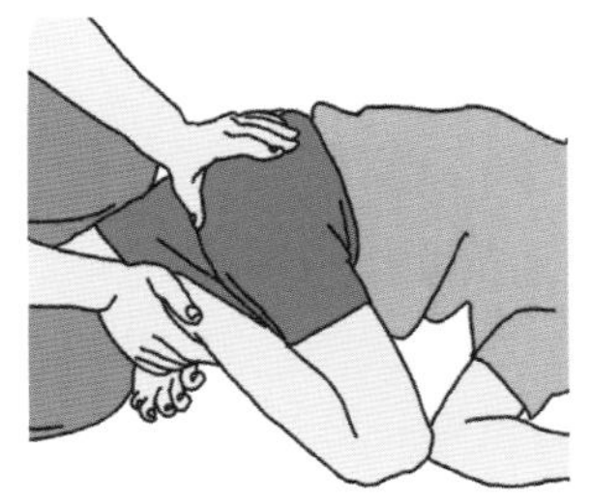

☆坐骨（ざこつ）

骨盤を形成する寛骨（かんこつ）の後下部。左右一対からなり、座ったとき最下部になる。

Point

- 介助し過ぎると子どもが自分からやろうとしないで介助者に押してもらうのを待つようになります。どんな這い方でもいいので、自分で進むハイハイをやります。このとき、肘這いや手で進んだり、足の蹴りが出なかったりしても、お腹を床につけて進むことに意味があるので励まし、応援しましょう。
- 自分でやるのと、介助してもらうことの両方が必要です。
- 介助者のタイミングと子どもの蹴りたいタイミングが合わないと子どもは不快です。子どもがハイハイしたいリズム感やスピード感をよく見て感じ、それに合わせた介助ができると、子どもは心地よく、両生類ハイハイをするようになります。

③ 大人の介助

大人の介助の場合は伸ばした脚を介助者の膝で挟み、介助者の膝を蹴りながら進む。

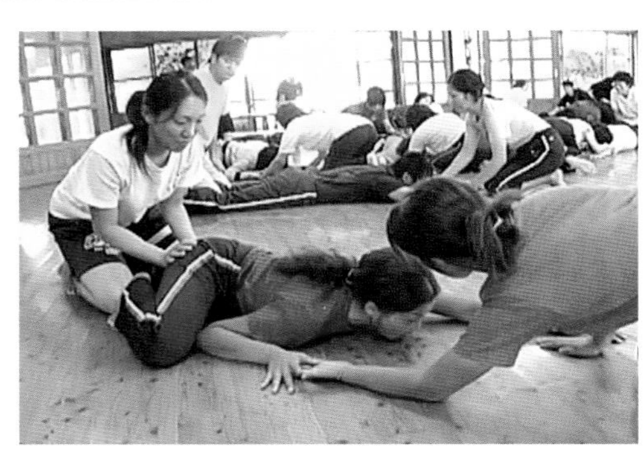

豆知識

・「両生類」とは水中と陸上の両方に棲むカエルやイモリが両生類である。幼生期には鰓呼吸をしながら水中生活をし、成体期には肺呼吸しながら陸上生活をする。
・魚類が陸に上がり、両生類になるまでの過程は歴史的には1億年と言われている。
・この両生類たちがその後、爬虫類 → 哺乳類 → 人類へと進化をとげた。「両生類」は、「生物の進化」の法則にそった発達の道筋をたどる。
・両生類ハイハイの動きは、息を吐きながら蹴る。同時に、次の脚を胸の方に引き寄せる。肺がしぼむことで横隔膜が上の方にあがり、肋膜につながる大腰筋を使って蹴る。進化の歴史では重要な動きであり、深層筋を鍛えるこの動作は、深い呼吸と美しい姿勢を保つ。
・うまく息を吐くことができれば疲れない動きであるが、無意識に息をとめていると、とても苦しい動きにもなる。
・小児歯科での歯並びの矯正は姿勢や呼吸法の改善が必要となる。横隔膜をしっかり上下させるような深い呼吸が要求されるが、もともと呼吸が浅い子に歯並びの悪さが見られる。呼吸法の改善は無意識のうちに呼吸するので、この両生類ハイハイの動きで足の蹴りと共に息を吐き、肺をしぼませ、横隔膜を上方向におしあげるという運動が有効である。
・4月から6月、プールが始まるまでの3ヶ月間は両生類ハイハイをしっかりやる。それはプールでの事故を防ぐため。両生類ハイハイの蹴り足を強くすることで、プールで滑っても、すぐ次の足を出して蹴って立ち上がる。この動きが身についていれば、子どもが自分の力で自分を守ることになる。また、夏場の両生類ハイハイは汗をかくとやりにくいので、年度の始まりから目的を持って両生類ハイハイに取り組みたい。
・三木成夫の著作『海・呼吸・古代形象』参照。呼吸のリズムがその人が生きるリズムであり、呼吸は生きるための最優先順位である。
・なお両生類ハイハイについては　p.200　3．生物の進化の歴史を学ぶ　参照

4. ロールマット

●対象年齢について

ロールマットを何歳からやるのか。斎藤先生は生後３カ月、首がすわったらロールマットをやっていました。赤ちゃんのロールマットの介助の仕方は０歳の前期と後期でもずいぶん違います。この本では０～１歳児のロールマットのやり方についての説明はしていません。何歳からロールマットをやるかは各園で十分検討を重ねて取り組んでください。１～２歳児のロールマットの介助も熟練が必要です。

1．年長児　下向き　前転

① ロールマットの上で、おへそがロールマットの真ん中になるようにうつ伏せになる。手は開き、おでこをロールマットにつける。

② 下に敷いてあるマットに手をつける。

③ 両手を下につき、前転をする。この時足の甲をロールマットにこするようにする（足首に力を入れない）。

④ 足をそろえて立ち上がる。

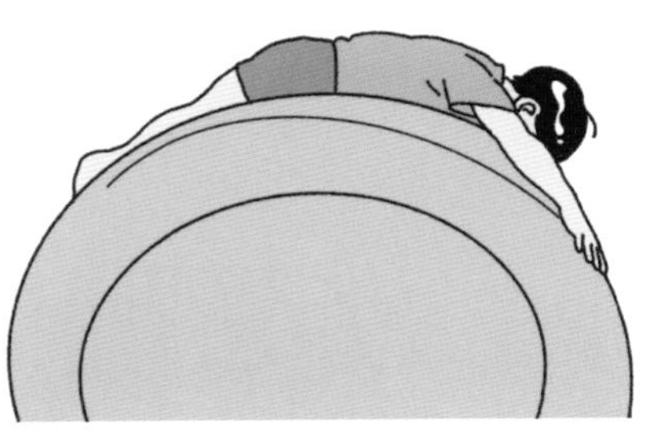

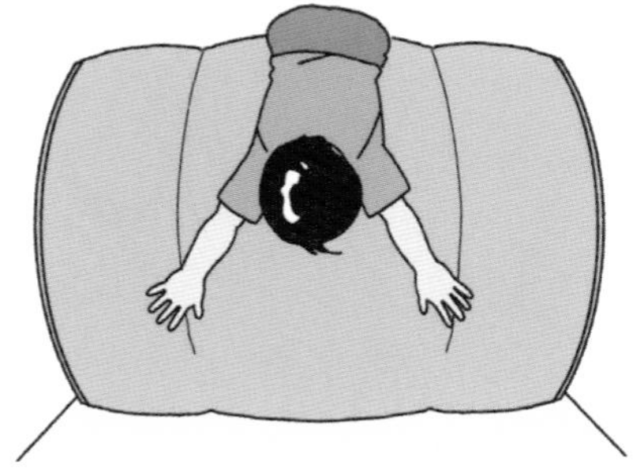

①

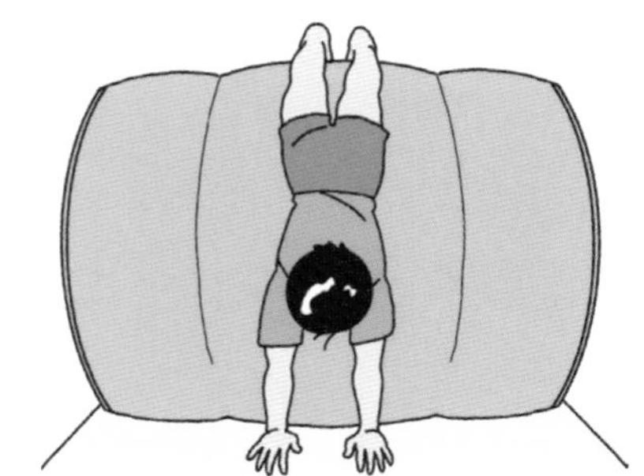

②

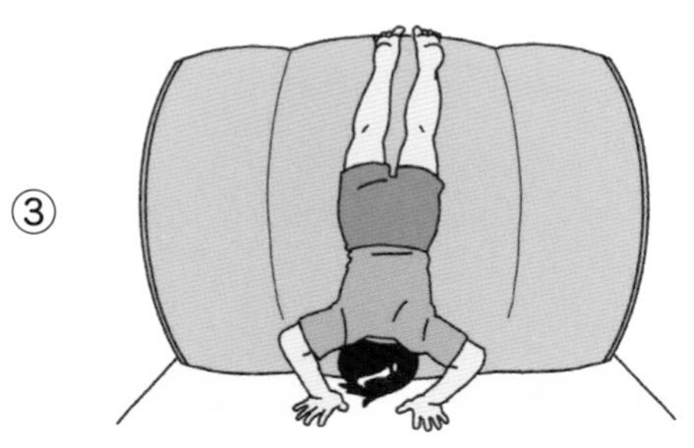

③

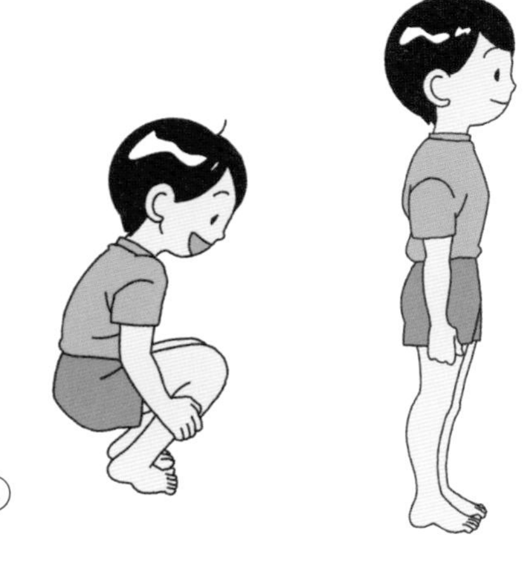

④

2．年長児　上向き

① ロールマットの上で、おへそがロールマットの真ん中になるように仰向きになる。手は開く。
② 少しずつ下に降りていき、下に敷いてあるマットに手をつける。
③ 手が下のマットについたら、踵をそろえ、足の親指だけを立てる。
④ お腹の力を抜いて自分の手の近くに足をそろえて降ろす。

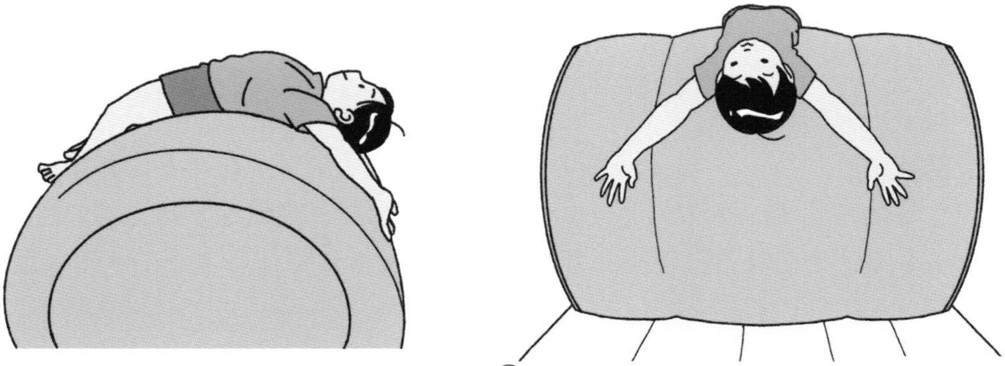

①

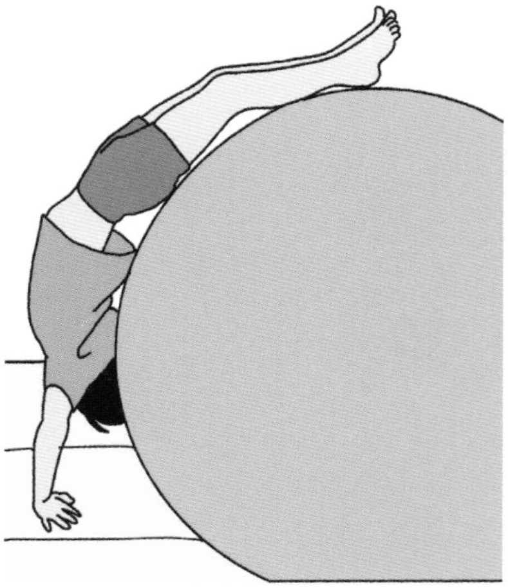

②

③

④

Point

年長児：ロールマットは最初は介助してやり、その後は１人でやります。しかし、年長児でも何度も介助してやってあげたい子にはたくさんやってあげましょう。スキンシップにもなり、またからだのバランスをとったり、背骨の動きや血流を促す効果があります。
前転は力を抜き、両足の踵をそろえて立ち上がります。この時、手や腕を横に伸ばしたりせずに立ち上がります。
後転は逆立ちのようになった時、踵をそろえ自分の手の近くに足をそろえて立ち上がります。

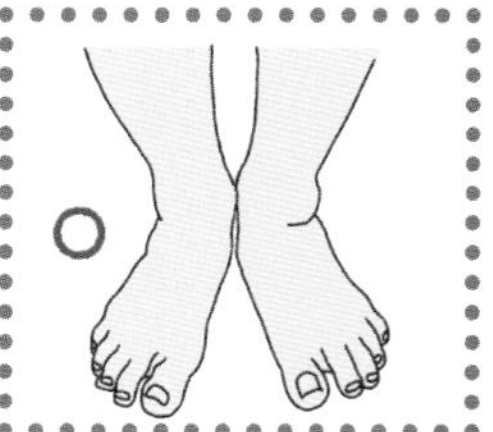

☆ロールマットに上るとき、抱っこしてロールマットの上に乗せないで、子どもが自分の足指をつかって上れるように援助をします。子どもの足の親指を押さえて、自分の力で上るようにしましょう。
☆ロールマットの上で金魚のようにゆらゆらと揺らします。子どもの皮膚をなでたり、さわったりするのでスキンシップになります。肩甲骨から肩、腕をなでながら、手指を開かせます。
☆下向きの時、子どもの足の長さを比べます。足のくるぶしの位置で確認します。
☆ロールマットでじっとできないで、早く降りたい子について、マッサージはしないで、何度も何度も下向き前転と上向き後転をします。何度もやると、落ち着いてロールマットの上で力を抜くようになります。
☆くすぐったがりの子は加圧（ぎゅっと少し力を入れてさわるとよい）しながらスキンシップをします。
☆上向きでロールマットに乗った時、子どもの身体がピーンと棒のようになってしまう子も素早くでんぐりをさせ、何度も繰り返すと身体がマットに沿うようになります。
☆基本的には下向き前転を先にやりますが、子どもが上向きからやりたい、という場合があります。上向きもやり、下向きも両方をやるというふうに順序が変わってもいいでしょう。こういう子も何度もやってあげましょう。

下向き

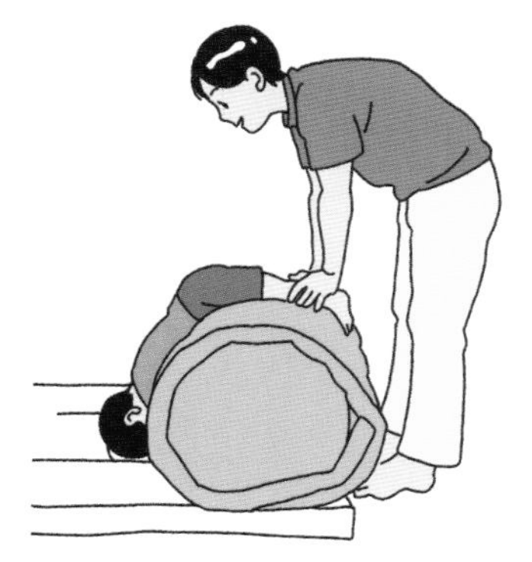

子どもの足首の力を抜かせるようにユラユラ揺する。

上向き

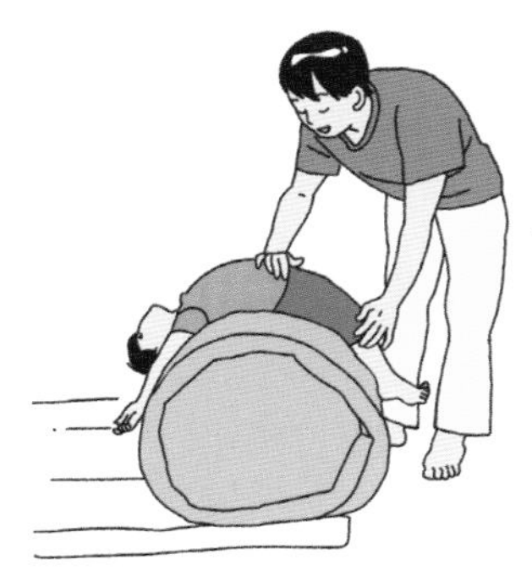

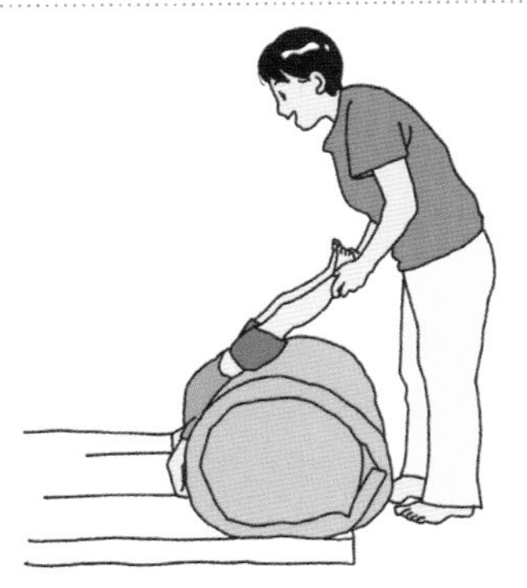

豆知識

スキンシップの必要性

・リズム遊びに参加しない子や発達の遅れがある子にとって、ロールマットは必要です。スキンシップになるので、背中をなでたり、揺らしたりします。

・ことばが年齢よりも巧みな子や家庭でのテレビ・ゲームなどの時間が長い子、2・3 歳でも添い寝をしてもらっていない子などで、育てにくさを感じる子には皮膚接触が必要です。弟、妹が産まれたり、父母の仕事が忙しく、子ども自身の発育はいいのに、どこか冷めたようなタイプの子にも言葉を介さないスキンシップが有効です。3 歳児未満なら抱っこしたりおんぶしたりしてもいいですが、大きい年齢になると、“ロールマット”や“金魚”などで直接、皮膚にふれることができるリズム遊びをたっぷりやってあげましょう。こちらが思っている以上に効果がみられます。心が満たされると行動に変化が出ます。

・インターネットやバーチャルな世界は「情報」という手段で人間の脳に刺激を与えますが、刺激が強すぎたりします。乳幼児期の子どもにとって最も必要なものは皮膚と皮膚のぬくもりであり、この淋しさから性的な刺激に移行してしまう学童期の子どももいます。本当に必要なものは抱っこやおんぶなのに、刺激的な性描写が、精神的には幼いのに背伸びし、ゆがんだ思春期を迎えてしまうのは悲しいことです。

・最近のお父さんの育児への参加は歓迎すべきことですが、お父さん自身が子ども時代に父親に遊んでもらった経験が少なく、ゲームが普及した時代に育っているため、「親子で遊ぶ」というと一緒にゲームすることになってしまいます。小学生になれば、野球やサッカーなどの球技を楽しむこともできるでしょう。

・ゲームの後はカラダふれあい遊びをしてください。頭ならシャンプーごっこをして疲れた頭皮をマッサージ。お父さんの力こぶにぶら下がる。“金太郎とくま”や“でんぐりがえり”、くすぐりごっこや足裏もみもみごっこ…などなど。こうしたスキンシップが脳に直接インプットされるとともにゲーム脳にならないためにも大切になっていきます。

・父と子のスキンシップは、子どもにとっての父親のイメージが変わり「お父さん、すごい!」という信頼感を育てます。わが子が成長しても、父からのアドバイスに耳を傾けたり、またゲームを楽しみながら、依存することなく、うまくつきあう方法を共有していってほしいです。

第２章 毎日やりたい
リズム遊び

作：斎藤公子

毎日やりたいリズム遊びについて

幼い子どもとお母さんが園に見学にきて、リズム遊びを見ると、その場で模倣してやる子と、家に帰ってからやっている子がいます。その多くは“うさぎ”“めだか”、まだ両足でピョンと跳べない子でも踵をあげたり、全身をゆらして“うさぎ”の模倣をします。“めだか”は手をお腹の前に合わせて食卓テーブルのまわりを嬉しそうにぐるぐる走ります。

また、まだできないような“とんぼ”の片足立ちのバランスを見て、両手を床について片足だけあげてみたり、その子ができる範囲内での模倣の可愛らしさを見せてくれたり、あんなふうに素適なリズム遊びができたらいいなあ…という憧れる気持ちが芽生えてきます。子どもは今を精一杯生きています。

そして少し大きい子ども達に憧れをもち、新しい出会いを求めて生きています。

斎藤公子が創作したリズム遊びは乳幼児にとってはたまらない魅力があるのでしょう。

軽快なピアノの音もその魅力のひとつです。必ず生演奏で子どもをリードしながら、また子どもに合わせて弾きます。このわくわく感は楽しい。

お父さんの転勤などで転居するときも、リズム遊びを実践している園を紹介します。

初めての園でもリズム遊びのピアノの音を聞けば、もう友だちがたくさんいる気分になって、不安は吹き飛んでしまいます。幼い子どもをこんなに夢中にさせるリズム遊びは素晴らしいと思います。

運よくリズム遊びと出会った子ども達が年長になると大自然とどう向き合わせるかを、保育者は常に考えています。安全で、自然の豊かな場所にどんどん出て行き、いろいろな体験を共有したいと思っています。現地への下見も欠かさず、季節や天候も調べ、ひとつタイミングが違えば厳しい自然ですが、本当に豊かな自然を子どもに体験させたい、という願いを持ち続けています。リズム遊びで培（つちか）った身体は自然と向き合った時、その適応力を発揮するでしょう。

また乳児期からの入園でリズム遊びが身につき、運動が得意の子ども達はその運動能力を何につかうのでしょうか？多くの卒園児を出したさくら・さくらんぼ保育園の卒園生はスポーツ系よりも、理数系や芸術系の進路を選ぶ子が多い、と斎藤先生から聞いたことがあります。

気づいたときから運動能力が高く、音感やリズム感が当たり前のように身について育った子ども達の卒園期の課題は、「労働と自治」そして自分の課題は自分で決める、というものでした。まわりの人が喜んでくれる労働を自ら選ぶ。雑巾がけはつらい労働ですが、幼児期から鍛えた足腰では心地よい準備運動です。そして弱さをもつ子どもへの自然な気遣いは、障がいやハンディを持つ子どもが同じクラスにいて寝食を共にし、ケンカしたり仲良くなったりする生活が基礎になっています。

こうした楽しいリズム遊びは幼い子どもの身体を育て、心を育てます。しかし、保育者は子どもがリズム遊びをする様子を観察する必要があります。なぜなら子どもの育ちに個人差があるからです。しかし個性の範囲内でおさまらない場合もあります。普通に歩いているのに転ぶ。自分の足につまずいて転ぶ。なぜ転ぶのだろう…。という疑問から子どものからだの発達に意識が向くようになっていきます。

幼児期の脚足の成長について

赤ちゃんの脚は膝が開いて、カエル股のようになっているのが普通です。しかしこのとき、足先は少し外側に向いています。この頃はO脚、その後2・3歳にX脚になり、4・5歳くらいからまっすぐになりますが、この脚の変化の時期は個人差があります。X脚の時代に自分の膝にぶつかって転ぶ子もいます。足先が少し外側に向いているのが普通ですが時々、足先が内側に向いている子がいます。両足とも内側に向いている子もいますが片方だけが内側に向いている子もいます。この足の向き癖はハイハイでも顕著に表れます。子どもの脚の成長過程で気になる内反足について、なぜ足先が内側に向いているのを治す必要があるのでしょうか？

斎藤公子先生の保育研修会で、自閉症の子どもの尖足（つま先）歩きについて質問をしたことがあります。「なぜ尖足はいけないんですか?」斎藤先生は無知な私に、「あんたも一日中尖足で歩いてごらん!」と怒りを込めて言われました。

本当に全く無知だった私は尖足について「バレリーナみたいでかっこいい」くらいにしか思っていなかったのです。常にアキレス腱が緊張していて踵着地ができない、多動で、嗅覚、味覚、聴覚、視覚、触覚などにアンバランスな過敏さがあり、そのことを訴えることもできず、昼寝がなかなかできない自閉症の子ども達の生きづらさを斎藤先生は我がことのように感じていたのでしょう。

こんなことがあって、私なりに子どものからだの育ちについて、調べ始めました。脚足の左右差や極端な外股・内股の癖は成長するとともに、膝関節への負担が強く、半月板の損傷などにつながります。リズム遊びをしていても両足が内反している子は背中の緊張が強く、疲れやすい。“五色の玉”のようにずっと足踏みを続けるような動きで、疲れ果ててしまいます。他の子は平気でやっているのに、すぐにやめてしまうのは内股や内反足が理由だったりします。そこに目を向けないで運動をやり続けると、健康のためのスポーツが身体を痛める運動になっていきます。そして仰向けよりうつ伏せで寝たがる。姿勢が悪く、うつむき加減で胸が開かず呼吸が浅い…。などの傾向は産まれもったものから生活習慣による身体への重力のかけ方のアンバランスが原因だったりします。

「リズム遊び」の推奨は高い運動能力を目指すことよりは、真の意味での健康な身体をつくると、どんなことにも意欲的で挑戦したくなるのでしょう。「快眠・快食・快便」と「食う寝る遊ぶ」のバランスがとれている生活が心身の健康をはぐくんでくれます。

内反足の治し方　内反足の子は足先が内側に向いている。

股関節をゆるめる（股関節を回す）

① 膝頭をもって、ゆらゆらしてゆるめる。

② 足首をゆるめる。　踵を軽く持ってゆらゆら。

以上のことをしてから、よく歩くようにします。平らな道ではなくデコボコのある土の上や坂道。草がはえているような地面が平らでないところをよく歩くと内反足はよくなります。（1 年くらいはかかる）

夜寝る前には①②のゆるめることをしたり、もちろん金魚運動もやりましょう。

言葉の説明だけではわかりにくいので実際のやり方を研修などに参加して体験してほしいのです。

1.2 歳の頃に親御さんが気付いてこうした体操を日常的にやると、そのことで治るばかりでなく、走ることや跳んだり、はねたりと、運動能力が飛躍的に伸びることが経験的にみられます。乳幼児期のこうしたケアは大きくなってからの治療とは別の意味を持ってきます。

最近の園などの構造がバリアフリー化に伴い、段差や敷居がないため、子どもが足をあげて歩かなくてもつまづかない。そのために足の弱い子が増えています。意識的に凸凹道を歩いたり、たいこ橋を渡ったり、河原を歩いたりするような経験がないと、すぐに転ぶし、転び方も下手なのでひどいケガにつながります。小さなケガですむように、日頃から休日には野山を歩くような習慣をつける必要があります。

”とんぼ”のリズム遊びを模倣する 2 歳

5. うさぎ

▶ 対象　１歳児〜
▶ 楽譜　『斎藤公子のリズムと歌』p.57

Point

- 満２歳前後から、両足をそろえてピョンと跳ぶようになります。誰も教えなくても跳びます。嬉々として何度も跳んで、見て見て〜！と呼ばれたりします。最初は低い段差 (3cm くらい) から跳び降りるのですが、そのうち床からも跳び上がれるようになっていき、次は " うさぎ " の連続ジャンプが跳べるようになると楽しくなります。

腕は自然におろし両足をそろえて, ピアノの音に合わせて軽く跳ぶ。

“うさぎ” のリズムがなかなか跳べずに足がばらばらしてしまう子どもへの対応

☆左右差が大きい子は足がばらばらして気持ちよくピョンと跳べない。うさぎが跳べる前の発達段階は " かえる " です。" かえる " を何度もやってから " うさぎ " をやると両足で跳べるようになります。

☆段差３ｃｍくらいの高さのところから、跳び降りる遊びを保育者や同年齢の子ども達と一緒にやってみましょう。うまく跳び降りたら、一緒に喜び、何度も繰り返します。

☆知的な遅れはなくただ、跳べないだけという子と、知的発達の遅れがある子とは対応が異なります。知的発達全般に遅れがある子の場合は、急ぐことなく、ゆったりと待ちましょう。そしてその子が楽しんでやれることを一緒に楽しみ、その子どもの発達のペースを尊重しましょう。しかし、何もしないで様子を見るのではなくリズム遊びや基本のリズムをしっかりやります。また坂道を歩くなど筋力をつけることも日常的に取り組むとよいです。

うさぎ

豆知識

- 初期のリズム遊びでは両手をうさぎの耳に見立てて跳んでいた。
- 両腕をあげて跳ぶと肩に力が入ってしまうので、手を挙げずに下げてぴょんぴょん跳ぶようになった。

6. めだか

▶ 対象　１歳児〜
▶ 楽譜　『斎藤公子のリズムと歌』p.54

Point

- 両手を合わせて前に突き出すように走ります。手をくねくねさせて魚をまねる必要はありません。
- 4・5 歳を過ぎると足音を立てないで走れるようになります。身体が柔らかい子は伸ばした手が下がってしまうことがありますが、励まして手を前に前に突き出すように走りましょう。

① 両手を合わせて前に伸ばす。

② 肩の高さに腕を伸ばしてすばやく走る。

③ 1・2 歳児はまだ肘が伸びないがやりたがる。

④ 同じ方向に全力で走る。（魚類の脳、先頭についていきたい）

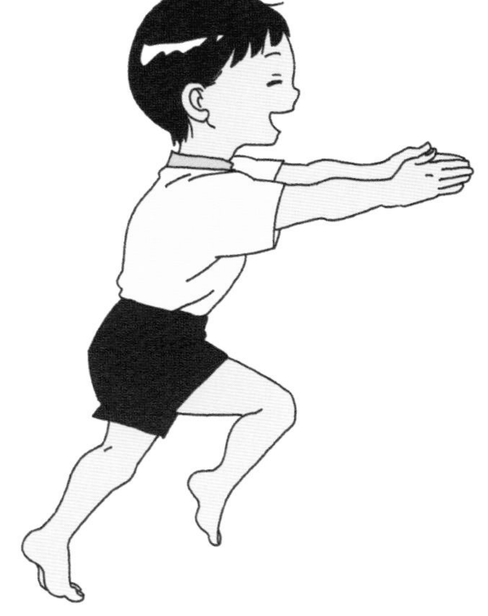

⑤ めだかのように群れになって、
同じ方向に全力で走る。

※走るスピードが違うので前の子を抜かしてもよい。

めだか

おがわの めだかが スィ スィ スィ
ならんで ならんで スィ スィ スィ

3才児以上でめだかの逆まわりをする時のピアノの弾き方は、1オクターブ高くします。

Point

- 1、2才児のめだかでは「めだかのお話」として集って合わせた手で相談するようなやり方があります。
  具体的なやり方やピアノの弾き方は、リズム遊びの研修などを参考にしてください。

7. こうま

▶ 対象　0歳児～
▶ 楽譜　『斎藤公子のリズムと歌』p.53
本書 p.38 参照

① 足指を返して四つ這いをする。

② 両手の指はつねにしっかり開く。ズルズルしないで馬のようにパッカパッカと進む。

③ 顔は下を向かないで前方を見る。

④ 四つ這いの足指の返し、高這いの膝を伸ばすことで、体幹を鍛えるためのリズム遊び。

⑤ 高這いの脚がきれいに伸びるために必要なのは腕の力だけでなく肩の柔らかさ強さである。

⑥ 赤ちゃん時代にあまりハイハイしなかった子はリズム遊びでしっかりやりたい。

斜面を這うのは発達上好ましい

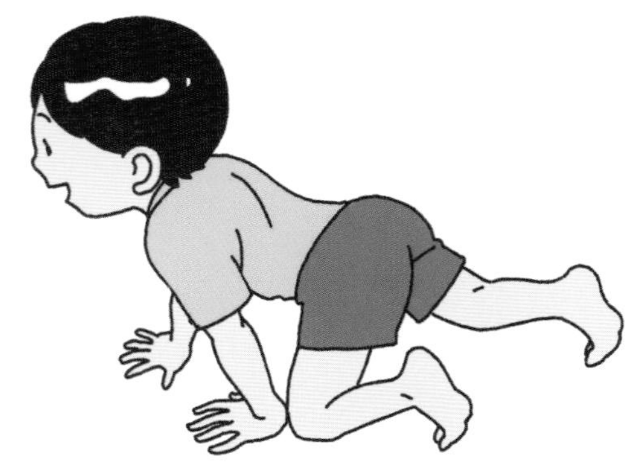

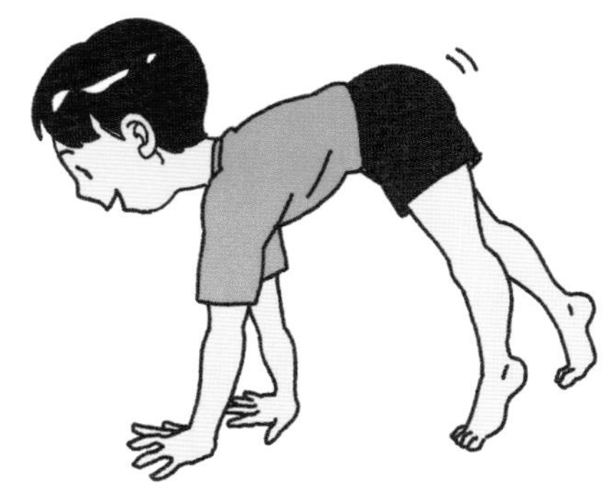

8. うま

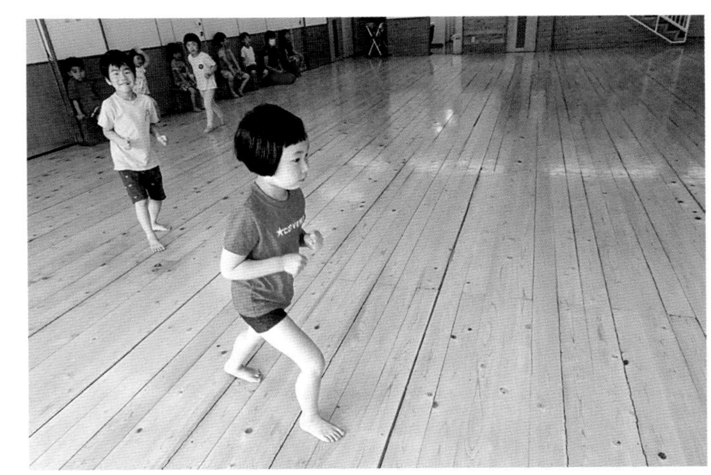

▶ 対象　1 歳児〜
▶ 楽譜　『斎藤公子のリズムと歌』p.65

Point

- 楽譜 3 段目の ♪ ラ ♪ の音で止まりますが、中には止まれずにいる子がいます。「走る・止まる・走る」という動きは瞬時に行うのですが、ニコニコしながら走っている子の中に自閉的傾向の子がいます。交通信号が赤になっても止まれない、車がきているのに止まれない。命を守るための動きです。止まれるようになるまで一緒に練習します。
- 子どもを保育者の足の上に軽く乗せ、ピアノの音で足を止める動きを一緒にやります。
- 手の動きと足の動きの両方があるので、まず足ができるようになったら、手の動きをします。

① ハイヨーというかけ声とともにギャロップで駆けまわる。手は軽く握り、乗馬の手綱をもっていることを意識する。

② ギャロップは利き足が前のままに走る。

③ ピアノの音が止まったら、手綱を引き、その場で止まる。音に合わせて 1 歩足を進めてまた止まる。1 歩出したとき、後ろの足は動かさないが動いてしまう事が多い。年長になったら、後ろ足を動かさないことを意識させたい。
(この時大人は肩甲骨を寄せるようにして肘を引くと、肩こりがよくなる。)

④ ピアノの音とともにまたギャロップで駆けまわる。

高這いのヒザが伸びない子どもへの対応

☆膝を伸ばしてきれいな高這いをするためには、腕の押す力や肩で体重を支える力が弱いと膝が伸びません。脚の弱さではなく上半身の弱さに原因があります。まず、高這い姿勢になってみましょう。この姿勢での遊びに「またメガネ」と言って股の間から向こうを見る遊びがあります。まずは腕を伸ばし、肘を軽くロックします。膝も伸ばして膝関節をロックします。この格好では突っ張っているので動けませんが、まずこの姿勢がどれくらい保持できるか？これはトンネル遊びになります。突っ張る力から、継続して保持する力をつけます。

☆この時に注意するのは膝頭が内側を向き、足先も内側に向くと、脚の内側が緊張して内股、または内反足になるのでなるべく膝、足先が内側を向かず、前を向くようにします。

☆＂かたつむり＂のリズム遊びは膝を意識して伸ばす、という意味が含まれています。膝をしっかり伸ばすことは側転の膝を伸ばしたり、＂とんび＂＂かもしか＂の跳ぶときの膝伸ばしなど、膝関節の曲げ伸ばしをしっかりやりましょう。

☆大人になって、膝を伸ばす曲げるという関節の動きは重要です。膝を痛めないためにも膝関節をゆらゆらと柔らかくしておくことが大切です。

☆高這いで前を向けず、下向きになってしまう子は雑巾がけをしているとき、前方に顔があげられないために他の子とぶつかったり、壁にぶつかったりすることがあります。こうしたことを防ぐために頸椎を柔らかくする動きとして、ロールマットの前まわりで首をしっかり内側に入れてでんぐり返しをします。

こうま

うま

9. かけっこ

▶ 対象　２歳児～
▶ 楽譜　童謡「子犬のマーチ」

Point

- 能動的な子どもは走りたい欲求が強く、それを満足させたい。特に男子は走ることで落ち着く子どもは多いです。
- 週のはじめ(月曜日)などはピアノに合わせて思いっきり走ります。ある程度走ったら、止まる、バックを繰り返します。
- ピアノの音で前進・バックなどを瞬時に判断します。冬の寒い日は身体が温まってきたら、上の服を１枚脱ぎましょう。
- この〝かけっこ〟で走った後に心地よく疲れたら〝金魚〟を弾くと力が抜けているのがわかります。

① ホールを勢いよく走る。一緒に走る大人は、子どもたちの外側を思いっきりスピードを出して走る。

② 音をオクターブさげたら後方にゆっくり走る。

③ ピアノの緩急に合わせて走る、歩く、止まるなどのバリエーションを楽しむ。

かけっこ（子犬のマーチ）

走りやすいようにスタッカートで弾く

10. きしゃ

▶ 対象　２歳児〜
▶ 楽譜　『斎藤公子のリズムと歌』p.55

① 楽譜 A　汽笛で立ち上がりきしゃの用意をする。

② 楽譜 B　両手の腕は上から下にきしゃの車輪のように回して全速力で走る。

③ 楽譜 A の音で急停車。この瞬間に一度両足をそろえ床に伏せる。

④ 2、3 歳児は床にうつ伏せになったとき、保育者は手を添えて手を開かせ、踵をそろえ足指を返すことを介助する。

⑤ 年長児には言葉をかけ、自分で床におでこをつけ、手を前に伸ばし、踵をそろえてうつ伏せ。足指を返して床についていることを確認する。ピアノが鳴ったら②〜③を繰り返す。

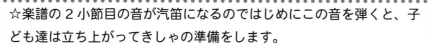

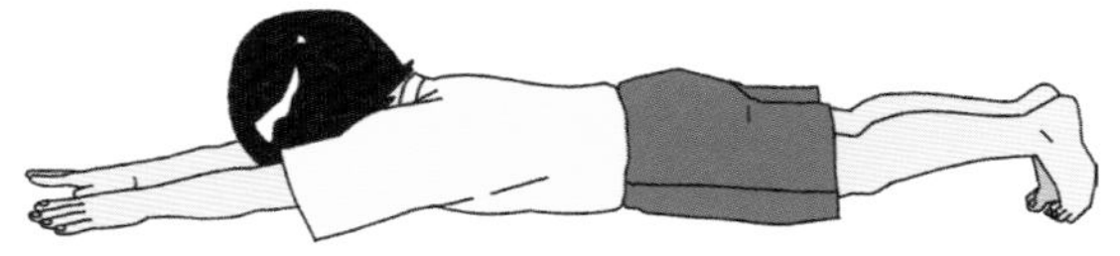

☆楽譜の２小節目の音が汽笛になるのではじめにこの音を弾くと、子ども達は立ち上がってきしゃの準備をします。
☆足は速く走るが手はきしゃの車輪を表現するので、前にゆっくり、両手は同じように回します。この時の手の動かし方を観察しましょう。
☆１小節目を１オクターブ上げるとバックの動きをします。バックから瞬時に戻して、前進して２小節目を弾き床に伏せます。
☆３歳くらいになると、きしゃのリズムが大好きで、わくわくしながら思いっきり飛び出す子どもがいます。園によってはゆっくりスタートさせているところもありますが、はじめから全速力で走ります。

11. かえる

▶ 対象　１歳児～

▶ 楽譜　『斎藤公子のリズムと歌』p.63

Point

- 跳ぶときに、手のひらで床を押しながら跳びます。
- この跳び方は、無理な力はいらず、何度跳んでも疲れにくく気持ちがよいのです。

① 踵をあげたまま股関節を左右に広げ、深く膝を曲げる。両手は足の間に伸ばして床につける。

② 深くしゃがみ、手で床を押してその反動で高く跳ぶ。 跳びあがったとき腕は肩からダラリと力を抜く。足はまっすぐ伸びている。

③ 跳ぶタイミングは４拍子のうちの１拍目。

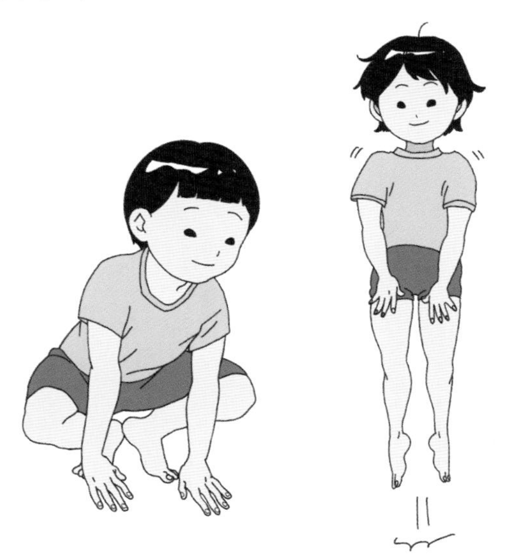

12. かめ

▶ 対象　２歳児〜

▶ 楽譜　『斎藤公子のリズムと歌』p. 61

Point

- 年長児の " かめ " を見て、１歳児が模倣します。できないけれど一生懸命やろうとする様子は微笑ましい。こうした模倣する姿を大切にしたい。正しいやり方ではなかったり、年齢的にも無理があったりしても、憧れる気持ちが、その後の意欲につながるでしょう。

① うつ伏せに寝て背中を反らせ、手で足を持つ。

② 顔をあげ、胸を反らせるが、脚を持ち上げるようにする。

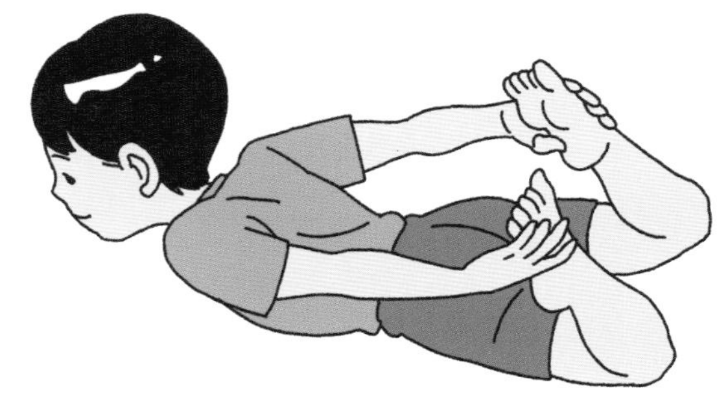

▶１歳：片足に触れるだけもよい。
▶２〜３歳：両足が掴める。
▶４〜５歳：首も上がり腿の筋肉ものびる。
▶６歳：首も腿も大きく反らすことができる。手は足の指を持って反らす。

うさぎとかめ

豆知識

背骨の柔軟性を育てるための運動として四つのかめ（第３章参照）やどんぐり、両生類ハイハイなどがある。しかしこのかめの動きの柔軟性を基本にしたい。２－３才の子で、足を持つ手が足の内側から持つ子がいる。胸が開いていない、背中の緊張が高い子が多いので、胸を開く動き（おひざでストン）をするとよい。

13. こまこま まわれ

▶ 対象　２歳児～
▶ 楽譜　『絵で見る斎藤公子のリズムあそび』 p.63

① こまのようにくるくる回る。

② 音が変わったら、仰向けに寝て、身体を休める。この時の姿勢は仰向けで、好きな姿勢でよい。

③ 寝たとき、♪ねむれねむれ、♪ゆりかご などの曲をゆったりと弾く。

④ ２回目は最初と逆回りに回るが、逆回りができない子もいる。自然に逆回りができていくので観察し、あえて教えなくてもよいが全員には声をかける。

⑤「まわる」「寝る」を ２ ～ ３ 度繰り返す。

・多動や自閉的な傾向の子どもは、" こまこままわれ " が大好きで他のリズム遊びはやらないがこの曲が聞こえると参加している。
・逆回りはなかなかできないが、何度もやるうちに逆回りがわかるようになる。そうすると他の行動にも変化がみられるようになる。
・ぐるぐる回ったら、ゆっくり休ませ、この時に " 金魚 " をやってみるのもよい。
・仰向けになるのでこの後に " 金魚・三輪車・かたつむり " などのリズム遊びを組み合わせることが多い。

こまこま回れ

14. 三輪車

▶ 対象　１歳児～
▶ 楽譜　『さくら・さくらんぼのリズムとうた』 p.104

① 仰向けに寝て脚をあげて三輪車をこぐようにぐるぐるまわす。

② ４歳児くらいから腰を手で支え高く足を伸ばすようになる。

③ ピアノの弾き方ははじめはゆっくり、少しずつ早く弾いたり、またゆっくり弾いたり変化をつける。

☆ " 三輪車 " で腰がきれいに伸びる子と５歳になってもなかなか上がらない子がいます。手で腰を支えるができる子にとってはそんなに力がいるわけではありません。なぜ、できない子がいるのかが不思議ですが、体重を肩に乗せ、腹筋で脚腰を立てる、としたら、肩に体重を乗せることがうまくいかないのかもしれない、と予測を立てています。
☆肩の動きは非常に重要です。肩の力は雑巾がけの時に肩にどれくらい重さがかかっているのか、と同時に肩の柔らかさが問われてきます。
☆ " 三輪車 " がやりやすくなるように、" かたつむりの " リズム遊びがあります。肩の柔らかさ、膝の伸び、背骨の柔らかさ、この３点が整うと、とても気持ちのよいリズム遊びです。

三輪車

15. あひる

▶ 対象　１歳児～

▶ 楽譜　『斎藤公子のリズムと歌』p.59

Point

- 腰を下げ、股を開き、踵を上げ歩く運動です。２歳児はまだ踵があがりません。
- ３歳を過ぎて土踏まずが形成されてくると、踵があがるようになります。
- 膝をしっかり横に開くことで、背筋が伸びて、胸が開き、バランスよく安定します。
- " あひる " のリズムを見ると日常的にリズム遊びに取り組んでいるかどうかがわかってしまいます。
- 反動をつけて一歩を出すのではなく、本当のあひるが歩いているかのように足を出します。

① 股をしっかり開いてしゃがみ、上体は起こしたまま両腕は力を抜き自然に横に下して、腰でバランスをとりながら歩く。

② 踵があがるのは３・４歳。

③ 年長児になったら、あひるのバックをやる。
（ピアノはオクターブ上げる）

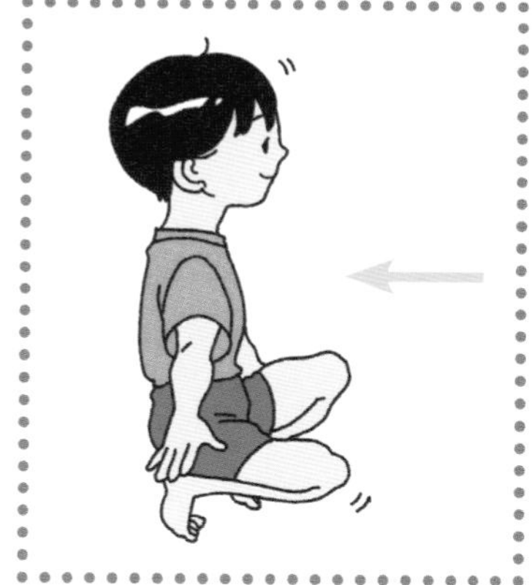

あひる

よ ち よ ち
あ ひ る さ ん
か わ い い
な

よ ち よ ち
あ ひ る さ ん
か わ い い
な

16. かに

▶ 対象　3 歳児～
▶ 楽譜　『さくら・さくらんぼのリズムとうた』p.88

① 曲に合わせて肘を伸ばしカニのはさみは高く上げる。

② 蹲踞（そんきょ）の姿勢（あひるの姿勢）で横歩きしながら、曲の 2 番で元の位置に戻る。

③ 3，4 歳児では 踵が上がらないかもしれないが、5 歳児は 踵をあげて、かにのポーズをとる。すぐにはできなくても、なるべく毎日取り組むとよい。

赤いかに　こがに

曲の 2 番を弾く時は 1 オクターブ高くする。

17. とんぼ

▶ 対象　１歳児～
▶ 楽譜　『斎藤公子のリズムと歌』p.67

Point

- ふらふらしないでバランスをとるために"かかし"のリズムをよくやるとよいでしょう。
- 顔は前を向き、胸を反らします。

① 前奏で両足の踵をそろえ、両手は真横に水平に上げ、竹トンボのように 腰から身体を左右に２回ずつひねる。

② 歌の始まりと同時に飛び出し、両手は水平のままスピードを出して全速力でかけまわる。

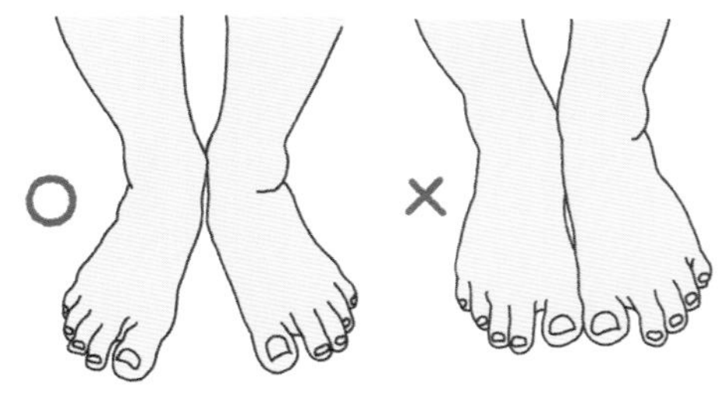

③ 曲の最後で、片足をうしろに上げて弓なりになる。顔は下げずに青い空を見るように上げる。

④ 年長の秋から " とんぼ " の最後の 2 小節で側転をする。初めは手を振り上げて側転の練習をする。

⑤ うまく側転ができるようになったら、腕をふりあげることはせず、手を自分の足の近くに置いて、力を抜いて側転をする。側転の後、片足立ちでバランスをとる。

とんぼ

18. つばめ

▶ 対象　３歳児～

▶ 楽譜　『斎藤公子のリズムと歌』p.68 ～ p.69

Point

- つばめが日本にやってきて巣を作る季節、散歩の途中で川の上を親つばめが急降下したり、急旋回してエサを取り、子つばめに運んでいくのを見かけます。こうした自然の営みに心が動くような保育をしましょう。
- リズム遊びの " つばめ " ではこうしたことを話しながらつばめになりきって駆けまわりたい。

① 前奏でつばめの羽を模倣して立つ。

② 歌の始まり（♪つばめになって～）音で飛び出し走る。つばめのように軽やかに、素早く走る運動。 両手を斜め後ろにピンと伸ばして、つばめの羽を表現し、身体を前に倒し気味に羽をホールの内側に傾けて、風を切って同方向に回る。

③ 小さい子どもたちは、ただ同方向にかける。模倣して次第にできるようになっていく。

④ 年長になると「ハイッ」と声をかけると、逆に内側の羽を上げ、外側の羽を下げ、外まわりに大きく回って反対方向にホールを走る。これを４～５回繰り返す。子どもたちはこうした変化を大変喜ぶ。

つばめ

B
つ ばめ になっ て
とん でとん であ そぼ
ご がつ の
お そら を
とん でとん であ そ ー
1.
ぼう ハ イ
スイ スイ スイ ハ イ
スイ スイ スイ
2.
ぼう ハ イ
スイ スイ スイ ハ イ
スイ スイ スイ

19. 背泳ぎ

▶ 対象　3 歳児～
▶ 楽譜　『斎藤公子のリズムと歌』p.49

Point

- 手を伸ばして背泳ぎで進むことが必要です。肘が曲がっていると壁にぶつかったりします。全く手を伸ばさないでやる子もいるので、注意しましょう。
- 大人の場合、踵がかさかさしていて進めない時は雑巾などで足裏を濡らします。

① 仰向けに寝て腕を伸ばし、お腹をしっかりあげて、踵で蹴って進む。

② 両生類ハイハイで競争した後、向こうの壁際にいる子にタッチし、今度は背泳ぎで戻る。

往

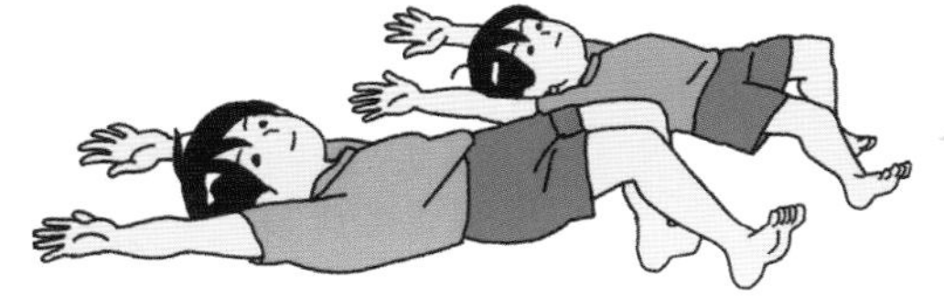

復　バックするときに手や頭を壁にぶつけないように注意する。

20. スキップ

▶ 対象　4 歳児〜

▶ 楽譜　『斎藤公子のリズムと歌』p.73

Point

- ５歳過ぎてもスキップができない子がいます。スキップの前段階は同じ足を出しながら進む " 馬 " のギャロップです。足の交互運動なので教えなくても自然にできるようになりますが年長児になってもスキップができない子には介助しながらスキップをします。
- 介助者と交差して手つなぎ、足を出すタイミングを自然に教えます。
- それでもなかなかできない時は " 金魚・どんぐり・両生類ハイハイ " などで出にくい方の足を意識的につかってみましょう。

① スキップは足の交互運動であり、楽しい気持ちになると思わず、スキップする。

② 足の親指の付け根（母指球）が充分に育ってきた子ども達は、前に前に蹴って進む。

③ ピアノの曲ははじめは「ホップステップジャンプ君」を使うが季節や地方の曲をアレンジしてスキップしやすいように弾いたりして楽しむ。

介助の方法

介助者の手に、身体の前で交差させた手を添えて、ゆっくりと一緒にスキップする。

下から優しく支えてあげる

ホップステップジャンプくん

ぼ
くはホップホップくんだ
ホップステップジャンプ　か
けっこならだれにも
まけないぞ　い
つでもどこでもと
んだりはねたりい
ちんちじゅうへいきでか
けまわる
※リズムの時にはこの部分を前奏にして、歌いはじめる（★へ）

豆知識

斎藤先生は時には、起伏のある松林に新しい土をふんわりと敷きつめてリズムあそびをされていたことを思い出します。

『絵で見る 斎藤公子のリズムあそび』p.80 参照

足裏で直接地をふむことと脳の発達との関係を学んでほしい。私たちの園では 0 歳、1 歳の間は冬でも靴下をはかせないで育てるのだ。これは最も急激な脳の発達の時期だからである。感覚器官と運動器官をフルにつかい発達させてやる必要があるのだ。幼いときは、足の裏も感覚器官であることは乳児を観察するとよくわかる。視覚をふさいでしまえば物事の認知がおくれるのは誰しもがわかるが、足裏を靴下や靴でおおうことは目かくしに等しいと、私は母親たちにうったえるのだ。靴下をはかせないと風邪をひく、ということがないことは近藤四郎先生著の『足の話』（岩波書店）をよんで私も確信した。

『さくら・さくらんぼの障害児保育』p.101~104 参照

21. ギャロップ

▶ 対象　4 歳児〜
▶ 楽譜　『斎藤公子のリズムと歌』p.75

Point

- 本来、年長向けのリズムでしたが、これを見た小さい子ども達が模倣し始めていました。
- 小さい子は両腕を肩の位置に水平に保ち横ギャロップするのが難しく、進行方向だけの腕を伸ばして模倣する子が多いです。
- 左右差があり得意な方向には足がスムーズに出るが逆方向は足が出にくい。しかし 5 歳前後になると、苦手方向にも足が出て、両方向への横ギャロップができるようになります。
- 曲が軽快で楽しいので 2・3 歳児もやりたがる気持ちがわかります。

① 手のひらを上向きに、両手を肩の高さにゆったりと広げ、横ギャロップをする。

② 視線は進行方向。

③ 上半身はゆったり、下半身は強く横に跳び、空中で両足タッチしながら進む。

④ ピアノの音をオクターブ上げると、逆方向に横ギャロップをする。

介助の方法

左右差のある子は苦手方向の足がだしにくいので、大人が子どもの肘を下から支えて一緒にやる。

ギャロップ

22. おじいさん おばあさん

▶ 対象　3 歳児～
▶ 楽譜　『絵で見る斎藤公子のリズムあそび』 p.64

① ♪おじいさん　おばあさん♪と歌いながら、片方は杖をついてもう片方の手は後ろにまわしゆっくり歩く。

② あひるのおじいさんやキリンのおじいさんと言い換えてしゃがみ歩きをしたり、背伸び歩きをしたり、いろいろな歩き方をして遊ぶのもよい。

☆「アヒルのおじいさん」はうんとしゃがみ歩きして進む。

☆「キリンのおじいさん」はつま先立ちで踵をうんとあげて歩く。

おじいさんおばあさん

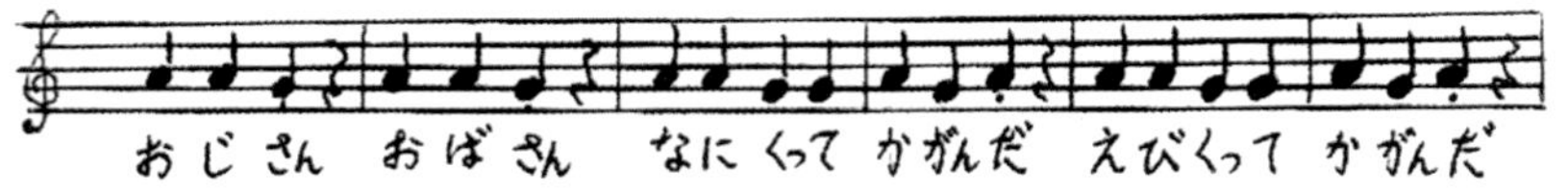
おじさん おばさん なにくって かがんだ えびくって かがんだ

23. とけい

▶ 対象　２歳児～

▶ 楽譜　『さくら・さくらんぼのリズムとうた』 p.99

Point

- ゆっくりと体重移動する動きです。
- 体重移動しないで腕だけを振っていると、盆踊りのようになってしまいます。

① 両足は肩はばくらいに開き、時計の長針と短針のように両腕を左右に大きく振る。
この時、腕だけを振るのではなく、斜め上に伸ばした方に自然に体重をかける。
② ピアノのテンポに合わせて腕を交互に振る。
(曲の４小節まで)
③ 最後の２小節で両腕を左右水平に伸ばしたまま、ぐるぐると回る。
④ これを数回繰り返すが、ぐるぐる回るのは２回目は逆回りをする。
⑤ ピアノの弾き方ははじめはゆっくり、徐々に早くしていくと面白い。

とけい

スタッカートで弾く

豆知識

・歩行は、片足に体重を乗せ、次の足を出す。両方の足に体重がしっかり乗りきらない子は走りたがる。
・利き足には体重が乗るが、苦手な足に体重を乗せる前に次の足を出しているので小走りのようになる。
・多動傾向で、ゆっくりした動きが苦手な子ども、じっと見て模倣ができない、瞬間の反射で動いている子どもなどいろいろなタイプの子がいるが、ピアノの弾き方もゆっくりした動きからだんだん早くしていく。
・年長リズムの“フォローステップ”がゆっくり体重をかけるリズム遊びであり舞踊になる。

第３章
毎日やりたいリズム遊び　応用編

作：斎藤公子

毎日やりたいリズム遊び応用編
斎藤公子が創作したリズム遊びを基に少しアレンジを加えたものです。

24. ひとりボート

▶ 対象　3 歳児～
▶ 楽譜　『斎藤公子のリズムと歌』p.106
（本書 p.75 参照）

Point

- " 2人ボートレース " は、競争なので急いで進むため、足をきれいにそろえないままやっている子がいます。
- " ひとりボート " は競争ではないので、両足をきちんとそろえて踵で蹴って進むことを促します。
- 足裏で床をしっかりとらえ、自分のペースで上半身とのバランスを整えて進むことを大切にします。そうすることで無駄な動きがないため、より早く進むようになるでしょう。
- 前進よりバックで進む方が楽ですが両方やります。
- 大人で足裏がカサカサしていてなかなか進まない時は雑巾で足裏をぬらすとよいでしょう。
- 子どもの中にも足裏に汗をかかないタイプの子もいるので、時々足裏を触って観察します。

① 前進は両足をそろえて進む。手はオールを持って漕ぐようにする。

② バックも足をそろえるが、主に踵の力で進む。

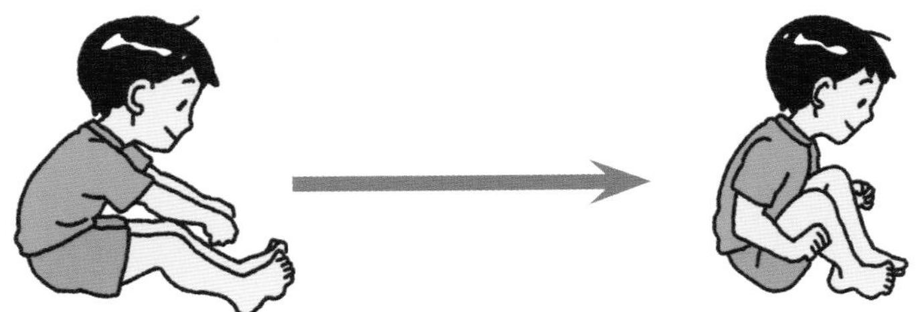

豆知識

・発汗は個人差が大きい。汗をかきすぎる人もいればなかなか汗がでないような人もいる。
・発汗の場所も頭で発汗する子もいるが手足の子もいるし、背中もある。
・寒い地方出身の人は汗腺が少ない傾向がある。
・発汗はとても必要で、赤ちゃんの時に室内の空調が整い過ぎていると、汗腺ができにくいまま成長する。
・発汗しないと、体温を下げることができず熱中症になりやすい。
・寒くなったら毛穴をきゅっと縮め、「鳥肌」ができるような皮膚がいい。
・「汗をかき、水で遊ぶ子ども」「寒くても薄着で裸足で走り回る子ども」は皮膚が強く、免疫機能もあがる。
・皮膚の役割は大きい。皮膚は私たちの身体を守ってくれている。
・皮膚の下には神経が沢山存在し、「皮膚は 0 番目の脳」と言われ始めている。

25.4つのかめ

①かめ

▶ 対象　2歳児～

▶ 楽譜　『斎藤公子のリズムと歌』p.61

Point

- ①かめは太ももの上がり方、上体の反らし方のバランスがとれていることが基本。第2章 12. " かめ " と同じです。

②おっとせい

▶ 対象　1歳児～

Point

- 第2章　12. " かめ " の応用。
- 基本の " かめ " は1，2歳児には手が足に届かないので、② " おっとせい " の方がやりやすく、3歳未満の子どもは身体が柔らかいため " おっとせい " をやると自然に足裏が後頭部につきます。
- 年齢が増すにつれて難しくなります。特に大人ではかなり難しくなります。
- 目的は背骨を柔らかくすることなので大人は無理にくっつけようとすることはありませんが、子どもにはやらせたいものです。
- 子どもの中でかなり背骨が硬い子がいますが、" 金魚 " をしながら、毎日少しずつやることで後頭部と足がくっつくようになります。

③だんごむし

▶ 対象　3歳児〜

仰向けに寝て両腕で膝をかかえ、おでこと膝をつける。

☆"だんごむし"の足が交差する子が多い。背骨を丸めることが目的なので足先については気にしていないが気になるところである。"ひとりボート"で足をそろえることを意識してやる。

Point

- "かめ"の逆パターンで、反ったので次は丸くなりたい動きです。この姿勢で静止できず、ゴロンゴロンとなる子もいます。
- おでこと膝をつけるのは大人には難しい。

④ブリッジ（逆かめ）

▶ 対象　4歳児〜

① 仰向けに寝て、手の指先が頭側に来るように耳の横に手を置く。

② 手のひらと足裏全体で床を押し、お腹を高く持ち上げる。

③ 足の踵をあげず、背骨を反らせる。

Point

- 大人の場合、右の写真のように手をついて"ブリッジ"をする方法もあります。"ブリッジ"とは言えないが無理にやることはないと考えています。
- 2歳児くらいから"ブリッジ"の模倣をはじめたりします。できなくても可愛らしいものです。こうした模倣の姿を大事にしたいし、3歳くらいで頭がもちあがる子もいます。
- やり方を教えなくても 自然にできるようになるのでそれを待ちましょう。
- どうしてもできない子はブリッジの練習ではなく、金魚で背骨を柔らかくすることが必要です。

かたつむり

26. かたつむり

▶ 対象　２歳児～
▶ 楽譜　童謡「でんでんむし」

① 仰向けで寝て、両腕でしっかり床を押しながら膝を伸ばす。

② 背骨が柔らかい子は足先を床につけることができる。この時足指を返して床につける。

Point

- "三輪車"のリズム遊びの腰がなかなか立たない子の前段階のリズム遊びとして"かたつむり"があります。
- 手のひらで床を押さえながら膝をしっかり伸ばしましょう。
- "こうま"のリズムの高這いの膝伸ばしが上手にできない子に、膝を伸ばす感覚をわかってほしい。という願いもあります。

豆知識

・肘関節や膝関節を伸ばすとき、関節をロックする。ロックした後、少し緩めたり、力を抜いた状態を維持することが通常である。その感覚がわかると力を入れなくても固定できる。
・しかし、これらの関節を伸ばした状態で力を入れ続けると「過伸展」（肘関節が本来曲がらない方向に逆曲がる）になりやすい。緊張状態が意識しないで入ってしまう子どももいる。

でんでんむし

27. かかし

▶ 対象　3 歳児～
▶ 楽譜　童謡「かかし」

①♪山田の中の一本足のかかし　天気のよいのにみのかさつけて♪
利き足で片足立ちをし、手はかかしのように伸ばす。

②♪朝から晩までただ立ちどうし　あるけないのは山田のかかし♪
片足ケンケンをはじめる。

③ 2 回目は逆の足にして同じ動きを繰り返す。

Point

- 片足立ちができない子どもは先生や壁につかまって行ってもよいのでやってみます。
- やり方のバリエーションはいろいろあります。片足ケンケンもその場で跳ぶ、一歩ずつ踏み出しで跳ぶ、またはその場で片足膝曲げをする…などです。
- "とんぼ" のリズム遊びの最後のバランスをとって片足立ち。これがなかなか静止できないので、片足立ちのリズム遊びとして "かかし" があります。

かかし

♩=112
やまだのなーかのいっぽんあしのかかし
てんきのよいのにみのかさつけて
あさからばんまでただたちどうし
あーるけないのかやまだのかかし

28. たけのこ

▶ 対象　２歳児～
▶ 楽譜　『さくら・さくらんぼのリズムとうた』 p.175

Point

- お尻を突き出すと楽にできますが、筋力をつけたいところを鍛えることにならないので、できるだけお尻を突き出さないでおへそを前に出すようなイメージでやりましょう。

たけのこ

① はじめの姿勢は踵をあげない " あひる " の姿勢。手は胸の前で合わせる。

② １番の A から♪たけのこのこのこ　あそこにここに　土の中から頭を出して～～～♪
２番の B まで♪たけのこすくすく～～親の竹にもまけないように♪までずっと
少しずつ膝を伸ばし、両手を合わせたまま上にあげる。（竹の子が伸びるイメージ）

③ ２番の C ♪それそれたけのこどこまでのびる♪で膝も合わせた手もしっかり伸ばし走る。

29. てぃーち でぃーる

▶ 対象　4 歳児～
▶ 楽譜　童謡「てぃーちでぃーる」

① 前奏で沖縄民謡風に踊る。

② 曲に合わせて、右手のひらで左膝頭をさわる。次は左手で右膝頭をさわる。

Point

- 正中線をまたぐ運動です。
- 4 歳児までは右手で右膝、左手で左膝であるが、あえて教えず自然にできるようになるのを待ちます。
- 教える、教え込むのではなく、子どもが自分から気づくことが大切です。それは年長児であっても同様です。

③ 数を数えていくごとに右手・左手を 交互に膝頭につける。

④ 「♪じっかさんびゃく」で両手を上げる。

⑤ 2 番は、右肘で左膝頭をさわる。次は左肘で右膝頭をさわる。

てぃーちでぃーる

てぃ ー ち でぃ ー る ー　た ー ち た ー ば ー　み ー ち み つ ま み
ゆ ー ち　ゆ か る が ー　い ち ち い し か ー　む ー ち　む ち り が ー
な な ち な が は ま　や　ち や ん ば る　く く ぬ ち く ら す い
とぅ ー　や う み な ち　じっ　か さん　びゃ く

豆知識

・ドッジボールなどのボール投げをするとき年長児でもボールを両手で持って投げる子がいる。
・片手投げと両手投げの違いは、片手が正中線を越える動きができているかどうか。
・年長児で、両手投げから片手投げに移行しない子には、ボールサイズを小さくしてみよう。

第4章
２人組リズム遊び
～集団のリズム遊び～

作：斎藤公子

子どもの発達とリズム遊び
２人組〜集団のリズム遊びについて

１歳児の頃は「ひとり遊び」。2歳児は2人で手をつないで自然に遊ぶ。３歳児は３人…。というように「 子どもの年齢と他者を求める気持ちの育ち 」は、０歳からの保育をしている園では自然に見られます。個別の子どもの身体の発達はもちろん大切ですが、人間は社会的な生き物なので、２人からのリズム遊びをこの章にまとめてみました。

2人組になるとき、誰とペアになるかをあらかじめ保育者が決めてしまうより、どの子とどの子が手をつなぐか?を観察しましょう。積極的に手をつなごうとしていったが、お断りされる場合もあります。断られた子どもは大泣きしたり、すねたり、年齢によって反応はさまざまですが、なぜ断られるのか?考える契機として保育者はしっかり見届けたいものです。そのあとに読む絵本や紙芝居などはこうした子どもの心理をテーマにしたものを選びたいし、クラス運営にも関わってきます。

4，５歳児になると、誰とペアになるかは少し様相が変わります。競争のようなリズム遊びもあるので、当然勝てる相手を選びたい。一番、カッコイイ、じょうず、ステキ、などなど子どもが目指すものが見えてきます。みんなで力を合わせる、協力や協働という視点が子ども達の中で芽ばえる時期でもあります。しかし、メンバー全員強い子が揃うわけではないので、中には全く消極的な子もいます。そういう子にどう対応するか？「○○君のせいで負けた。」という発言が出てくることもあるかもしれません。負けるとわかったら、全くやる気をなくしてしまう子もいます。心が折れたりくじけたりする経験は必要です。悔しい気持ちをどうしたらいいのでしょうか…。

年長リズムの中の“ 歩く３拍子４拍子 ”の先頭を子どもがやったり、“ 唄 ”のお母さん役、“ 荒馬 ”で一番先頭をかけ抜ける。“ 森は生きている ”の“ そり ”のリズムの先頭。はじめは保育者がやりますが、何回もやるうちに子どもが先頭をやりたいと手を挙げてきます。

クラスの中で障がいをもつ子や、弱さをもつ子、に対して目を向ける子ども達がいます。それは担任保育者の姿勢が大きく、クラスの中で強い子、かっこいい子を褒めたたえる雰囲気と、弱い子どもを援助することが同義でありたい。「強さ」と「やさしさ」は同義語であり､「強い」は「乱暴」ではありません。本当に強い子は誰にでもやさしい。こうした子どもの姿を映画「アリサ」（「さくらんぼ坊や」全６巻の総集編）では見事に映像におさめています。

自閉傾向や発達障がい、愛着障がい、多動、攻撃性のある子、知的な遅れ、肢体不自由、ネグレクト、外国籍で障がいがありそうな子ども。さまざまな子どもが保育園にはいます。まさしく乳幼児が育つ園も多様性そのもの。園の規模が大きいほど対応が難しく、保育者の専門性が問われるところです。

斎藤公子は「０歳から入園した子どもで話せない、歩けない子どもは１人もいない、０歳からの早期発見 早期治療 自然治癒 」を実践してきたさくら・さくらんぼの保育は研修の質が高く､学ばずには保育できませんでした。

「さくら・さくらんぼ系の園に入園すれば運動能力が上がって体操教室に行かなくてもいい 」という保護者のささやきが聞こえてきた時代があります。リズム遊びがとても上手なのに、にこりともしない子に時々出会ったりします。事情をきくと、３歳から体操教室に行っているとのこと。なぜ楽しそうにリズム遊びをしないのか不思議だったけれど、体操教室の運動能力を上げるための訓練と、園でのリズム遊びとは、同じようなことをやっているのに違うのです。

また、「きびしいリズム遊び」の園もあると聞いたことがあります。一糸乱れぬリズム遊びで、子ども達がにこりともしません。そういう園では失敗したやり方をする保育者や子どもを皆の前で非難する､と聞いたことがあります。それは楽しくないリズム遊びであり、緊張させるリズム遊びだと思います。正しさを追求するあまり大切なことを見失っているのではないでしょうか。

大切なことは緊張するのではなく、楽しくてわくわくするリズム遊びが本来のリズム遊びです。

30. たんぽぽ ひらいた

▶ 対象　２歳児〜
▶ 楽譜　『さくら・さくらんぼのリズムとうた』 p.139

Point

- 足をそろえて止まるのは難しいので、はじめは足をそろえなくても、そのまま止まります。
- 歌をよく覚え、止まるところがわかるようになったら、足をそろえて止まり、目を合わせて、にこっとします。
- にっこりするとき、大げさに膝をまげたり、かがんだりしません。

♪たんぽぽ ひらいた まっきいろにひらいた
はなびらと はなびらと にっこりしながら
ひらいた♪

① ２人で手をつないで歩く。

② 歌の下線部のところで足をそろえて止まり、目を合わせ、にっこりする。

春の季節を楽しむリズム遊びです。３月４月、たんぽぽが咲き始めたら、お散歩の途中でも「たんぽぽひらいた」 の歌を歌いながらやってみると楽しいです。

１、２歳児はこの歌が大好きなのでよく歌います。下線部のところは延ばさないで、スタッカートで歌うと、気持ちがはずんで楽しいです。

たんぽぽひらいた

31. なべなべ そこぬけ

▸ 対象　３歳児～

▸ 楽譜　童謡「なべなべそこぬけ」

Point

- 遊びながら、いつの間にか胸や脇の筋肉を動かします。
- ４、５歳児になると3人、４ 人でもできますが、２人組の方が身体の筋肉をしっかり使えます。

・２人組

① ２人組になって向かい合わせに手をつなぐ。
② ♪ なべなべそこぬけ そこがぬけたら ♪ は手を前後に振り、♪ かえりましょ ♪ でつないだ手の片方を高くあげて、その間をくぐる。
③ 背中合わせになったら、
♪ なべなべそこぬけ そこがぬけたら ♪ でつないだ手の片方を高くあげ、♪ かえりましょ ♪ でその間をくぐる。
④ ①②③を繰り返す。

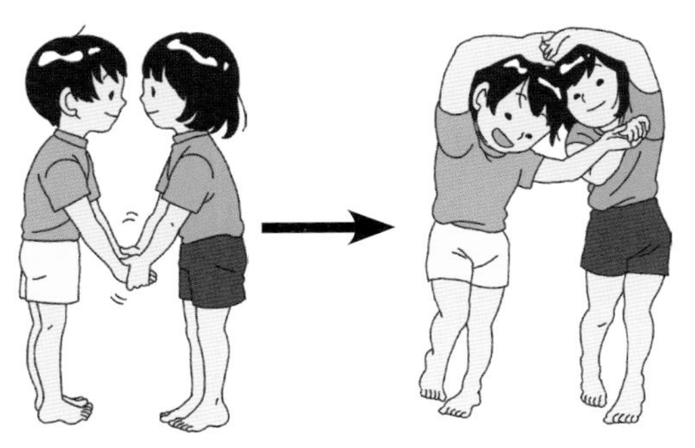

なべなべそこぬけ
なべ なべ そこぬけ そこが ぬけたら かえりましょ

・集団

２人⇒４人⇒８人⇒…⇒　参加者全員
２人なべ　４人なべ　８人なべ　16人なべ…と順に増やしながら輪になって隣の人と手をつなぐ。
① ♪ なべなべそこぬけ そこがぬけたら ♪ つないだ手を前後に振る。
♪ かえりましょ♪
２人のみがつないだ手を上下に大きく広げてその間を他の人がくぐる。
② トンネルを作っている子から一番遠くにいる子がくぐり始めるとうまくいく。
③ 背中合わせになったら、♪ なべなべそこぬけ そこがぬけたら ♪ 前後に手を振る♪ かえりましょ ♪
２人のみ、つないだ手を上下に広げで、その間を他の人がくぐる。
④　①②③を繰り返す。人がくぐる。①②を繰り返す。

32. 足じゃんけん

▶ 対象　3 歳児～

▶ 楽譜　童謡「桃太郎」

Point

- 先生 1 人に対して子ども複数人でやることもできます。
- ピアノはゆっくり弾き始め、子どもがピアノの音にうまく合わせられるようになったら、徐々に早く弾き、最後はとても早く弾くと、 盛り上がって楽しい。
- ピアノでなくても歌いながらやるのもおもしろいです。
- 対象年齢は 3・4 歳児～になっていますが、手でやるじゃんけんの意味がわかってきたら楽しめます。
- 2 歳児でも両足ピョンピョンができて、じゃんけんの意味が分からなくても楽しいので参加したくなります。

①2 人向かい合って、両足跳びをする。

②楽譜☆印で足じゃんけんをする。
　※続きの歌詞も同様の動きをする。

桃太郎

☆
☆
☆
も　もたろさん　ももたろさん　おこしにつけた　きびだんご　ひとつわたしに　くださいな
あ　げましょう　あげましょう　これからおにの　せいばつに　ついてくるなら　あげましょう

33. 手押し車

▶ 対象　１歳児～（異年齢でやるといい）
▶ 楽譜　童謡「おうまの親子」

Point

- 1・2 歳児は大人が脚を持ちましょう。
- 異年齢でやるときは、大きい子が小さい子の脚を持ちます。
- 小さい子が大きい子の脚を頑張って持ったりします。無理な時は他の子や保育者がいっしょにやりましょう。
- 小さい子は大人が脚を持つとよいです。

① １人は高這いの姿勢をとり、もう１人の子は手を床についている子の膝の上あたりを持って手押し車のように押しながら歩く。

② ホールの壁際まで行ったら交代する。またはピアノの音で交代する。

☆１歳児の場合、大人が子どもの太ももあたりを持ちます。大人はアヒル歩きまたは膝立ちの姿勢で前へ進みます。

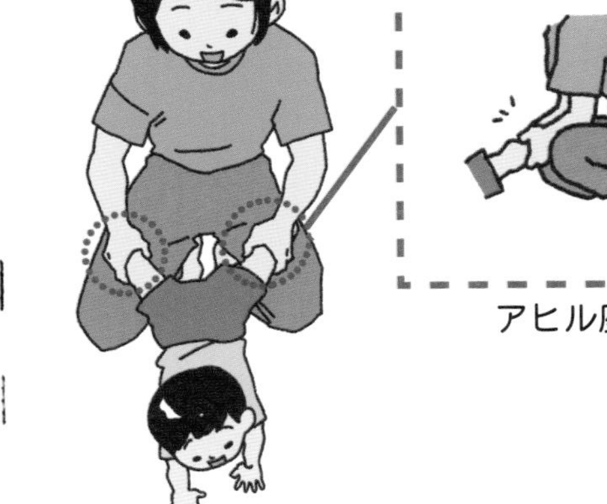

アヒル座り

34. 金太郎とくま

▶ 対象　子ども同士でやるなら 4 歳児〜
▶ 楽譜　『絵で見る斎藤公子のリズムあそび』
p.72

Point

- 異年齢の子どもの組み合わせは、年齢が上の子どもがくまになるようにします。
- くまになる子は、足指を返す（足指を返さないと乗っている子の体重が膝にかかり膝が痛くなります。）
- 3歳同士では難しいので、大きい子に乗せてもらいましょう。

① 1人はくまに、もう1人は金太郎になる。

② くまになる子は、四つ這いになって手指を開き、足の指を立てる。

③ 金太郎になる子は、足が床につかないように斜め前に伸ばす。

④ お互いにバランスをしっかりとりながら、曲に合わせて前へ進む。

☆ 金太郎になる子どもの姿勢を観察する。しがみつかないで姿勢よく座れるかどうか…。

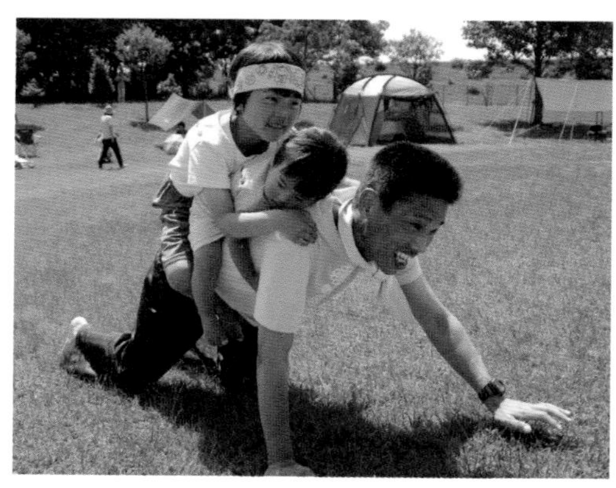

金太郎とくま　１～２才児

① 大人の背中にのせて歩くだけでとても喜ぶ。

② お父さんの背中ならなお喜ぶ。

③ おろすときはおんぶの姿勢になっておろす。

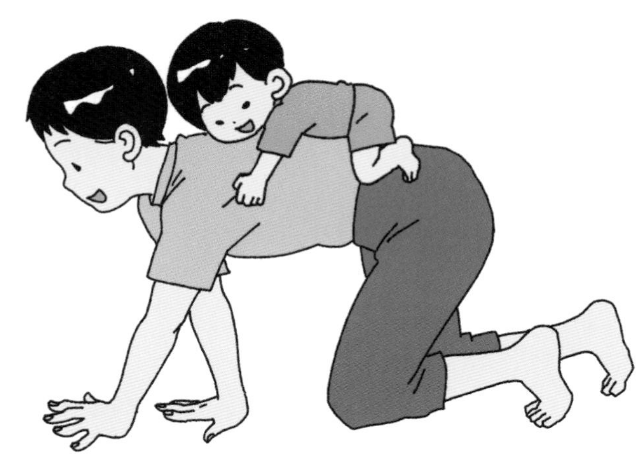

豆知識

・親子リズムとして勧めたいです。運動会や保育参観などで保護者がくまに、子どもが金太郎になります。
・家庭ではお父さんの大きな背中に乗せてもらいます。スキンシップになるので子どもはとても喜びます。

金太郎とくま

ま さ か り か つ いだ き ん た ろ

11
う く ー ま に ま た がり お う ま の け い こ

21
はい し どう どう はい どう どう はい し どう どう はい どう どう

35.2 人ボートレース

▶ 対象　３歳児〜
▶ 楽譜　『斎藤公子のリズムと歌』p.106

Point

- ピアノの弾き方で盛り上がります。
- 競争の時は早く弾き、ゆったり舟に乗っているのをイメージするときはゆったりと弾きます。
- このボートレースの曲は " おふねはぎっちらこ " のリズムの時も同じ楽譜をつかっています。

２人組

①２人組で向い合せに手をつないで座る。進む方向の子どもは膝を立て足をそろえる。もう１人は膝を立て足を開く。

② ピアノの最初の音でスタートし、向こう側で背中をタッチされたら、スタートしたところまで行く。

　この時引っ張る方が足を中にし、引っ張られる方は足を外側に開く。

７・８人組

① 引っ張る人が１人、引っ張られる子ども７〜８人は前の子のお腹に手を回し離れないようにする。

② 軽快なピアノの音に合わせてボート漕ぎ競争をするが、途中で切れてしまったら、先頭は離れた子が前の子のお腹に手を回すまで待つ。

③ 先頭が向こう側についてからのターンの仕方は２通り。

・先頭がそのままぐるりと回るやり方。

・ぐるりと回らず、先頭を最後尾の子が、そのままで先頭になる。後の子どもが反対側を向いて２番目の子は先頭の子と向い合せて手をつなぐ。

④ 勝敗が決まると盛り上がる。チーム数が多い時は決勝戦をやったりする。誰を先頭にするかを話し合う。

1、2歳児を膝に抱えてやるボート

・競争ではないので広いお池で楽しくボートに乗ることをイメージする。
・小さい子どもの抱え方は年齢や身体の大きさでかわる。

ボートレース

おふねはギッチラコ
ギッチラコ ギッチラコ
な みにゆられて
ゆらゆらゆれる
おふねはほんとに
おもし ろい
ギッチラコ ギッチラコ
ギッチラギッチラギッチラコ

豆知識

土踏まずと脳の発達の関係が最近問題になっている。この運動をやらせて観察していると、発達の遅れは一目瞭然とわかることからも、これらの間にはかなり深い関係があると考えられる。

この運動は自閉症の子どもにとって特に苦手である。このような子どもは、踵の骨ができていないので、床を踵でけることができず、つないでいた手を振りほどいて、手のひらで床を押して身体を浮かして後ろに進もうとする運動に変えてしまう。しかし、みんなで励まして、最後までやらせるようにしていると、次第に足の力もついてきて、卒園のころには大分上手にできるようになり、そうすると言語も出てくるようになるのである

『さくら・さくらんぼのリズムとうた』p. 61参照

36. くまさん くまさん

▶ 対象　３歳児～
▶ 楽譜　童謡「くまさんくまさん」

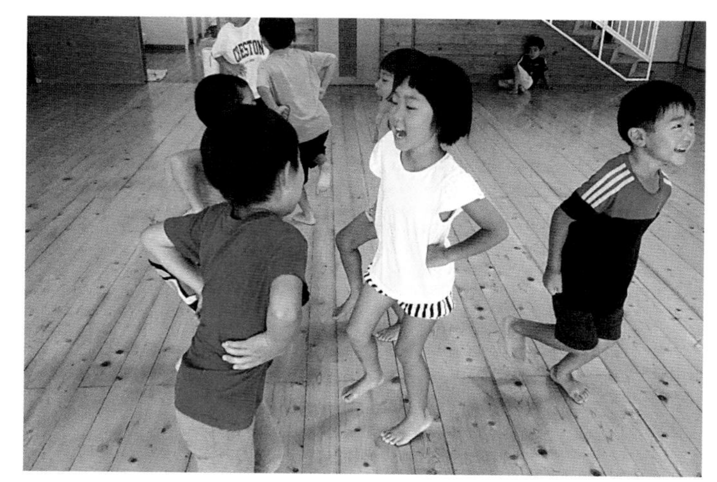

Point

- 曲の速さは年齢に合わせて変化させたり、初めと終わりで変化させるとおもしろいです。

① ♪くまさんくまさん回れ右♪
右にまわる。

② ♪くまさんくまさん両手をついて♪
向かいあって両手を合わせる。

③ ♪くまさんくまさん片足あげて♪
腰に手をあてて片足跳び。

④ ♪くまさんくまさんさようなら♪
向かいあってお辞儀をする。

※友だちを変えて繰り返す

②
③

④

くまさんくまさん

く まさん く まさん まわれみぎ くまさん く まさん
りょうて を つ い て く まさん く まさん かたあしあげて
く まさん く まさん さ よ う な ら

37. とびはねろ

▶ 対象　3 歳児～
▶ 楽譜　『さくら・さくらんぼのリズムとうた』
p.95

① 2人で握手するようにクロスして手をつなぐ。（片手のみ）

② 手をつないだままスキップでぐるぐる回る。

♪とびはねろー　とびはねろー　北風吹いても　寒くはないぞー♪

③ 最後の「ぞー」のところでパッと手を離して、万歳のかっこうで高く跳び上がる。

④ これを繰り返す

ぞー!!

とびはねろ

と び は ね ろ　ー　と び は ね ろ
き た か ぜ ふ い て も さ む く は な い
ぞ

38. おふねは ぎっちらこ

▶ 対象　4歳児～
▶ 楽譜　『斎藤公子のリズムと歌』p.105

Point

- 身体が硬い子どもにとっては苦手な動きであるが毎日すこしずつやると、その成果が現れます。
- 横波で身体を倒したとき、腕が耳より前にいかないようにし、体側をしっかり伸ばします。
- 横波の開脚で、膝と足先が内側に入らないようにしましょう。
- 胸の開きの悪い子のために、大人が肩甲骨の間に膝を入れて軽くゆすって胸を開かせてやるとよいでしょう。

向かい合わせ

① 2人組になって向かい合わせに手をつなげる距離に座る。足は開いて左右交互に組む。

② 交互に前屈したり、後屈したりする。

③ 引っ張ってもらいながら起きあがるときは首の力を抜き、頭が後ろにさがったまま起き上がり前屈する。

④ 前屈の後、はじめの姿勢にもどり、交代してやる。

背中合わせ

① 1オクターブピアノの音が変わったら、背中合わせに座り直し手をつないで、相手の背中に乗る。

② 下の子どもは、伸ばした足の膝に頭がつくように身体を曲げ、上になる子どもの頭は下になる子どもの頭を超えて、下の子どもの足先につくようにする。

③ 交代してやる。

横波

① 再びピアノの音が変わったら向かい合い、２人とも足を 180 度に近く広げ、おへそを前に出すようにして胸を開く。

② 両手を大きく上から横におろし、身体を左右に傾ける。頭を交互に左右の足につけるほど身体を曲げて、体側を十分に伸ばす。

③ このとき、向い合せの子とは、交互になるように身体を倒す。

お舟

おふねは ぎっちらこ ぎっちらこ ぎっちらこ
なみに ゆられて ゆらゆら ゆれる
おふねは ほんとに おもしろい
f ぎっちらこ p ぎっちらこ ぎっちら ぎっちら ぎっちらこ

39. ①海だ海だ

▶ 対象　1 歳児〜
▶ 楽譜　本書 p.81

豆知識

・“ ①海だ海だ ” は斎藤公子創作のリズム遊びであるが②は斎藤公子作ではないと思われる。
・この 2 つ目の “ ②海だ海だ ” は 4・5 歳児に圧倒的な人気がある。
・“ ①海だ海だ ” は 1、2 歳児を中に入れて大きい子が囲むこのリズム遊びもぜひやってほしい。

♪海だ海だ　広いな　空とどっちが広いだろ♪

① 小さい子は保育者と一緒に座って島になる。
その周りを手をつないだ大きい子たちが囲み、
海を表現する。

② 輪になって海の波を表現する子ども達は
つないだ手を前後ろに揺らしながら歩く。

♪ザンブリコ♪島に波が打ち寄せる
♪チャプチャプチャプ♪で戻るのを繰り返す。

③ 海の波が島にザンブリコ〜と
打ち寄せるように中に座っている子どもに
向かっていく。中の子ども達は思わずびっくり
するが、笑う子が多い。
次の波がくるのを予測してワクワクしながら待つ。

39. ②海だ海だ

- ▶ 対象　３歳児～
- ▶ 準備　長めの縄跳び
- ▶ 楽譜　本書 p.81

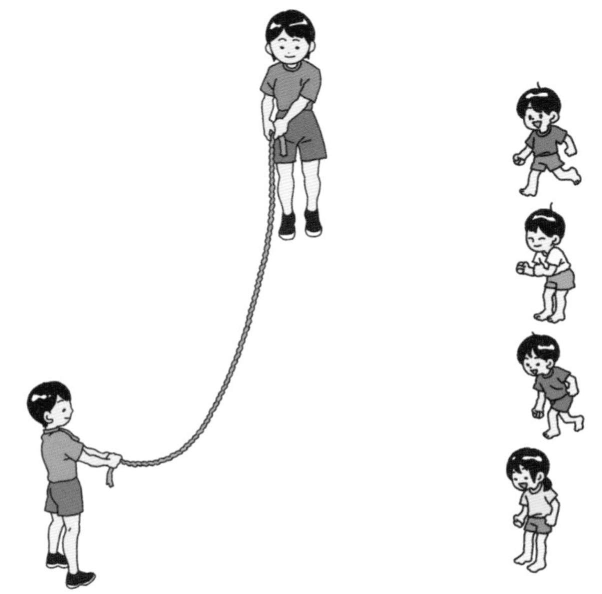

① 大人が布製の長い縄跳びを端と端で持つ。子どもは大人から離れて向かい側に立って一列に並ぶ。

② ♪海だ海だ　広いな　空とどっちが広いだろ♪
長い縄を振り上げながら大波を表現する。
「ザンブリコー！」で、大人の持ってる縄を床から離さず低い波のように子どもたちに向かう。

③ 子どもは向かってくる波（縄跳び）を跳び越えて走り抜ける。

④ 跳び越えたら、次の波が来る前に方向を変えて待つ。このとき方向を変えた子どもとまだ方向を変えていない子どもが衝突しないように縄を持つ大人は気を付ける。
※ 人数が多すぎると転んだりぶつかったりするので注意する。

海

40. スキップキップ

▶ 対象　４歳児〜
▶ 楽譜　『さくら・さくらんぼのリズムとうた』p.104

① ２人で握手するように手をつなぐ。反対の手もつなぎ、スキップではねる。

♪　スキップキップ　キップはねて　ちょん
風がほっぺをなでるよ　ちょん　♪
♪　スキップキップ　キップはねて　ちょん
ちょんちょんおひさまこんにちは　♪

② 下線部のところで両足をそろえて跳ぶ、このとき２人顔を見合わせる。

スキップキップ

ス キ ー プ キ ッ プ ー キップ は ね て ちょん
ス キ ー プ キ ッ プ ー キップ は ね て ちょん
か ー ぜ が ほ っ ぺ を な で る よ ちょん
ちょん ちょん お ひ さ ま こ ん に ち は

41. 小鳥のお話

▶ 対象　２歳児〜

▶ 楽譜　『さくら・さくらんぼのリズムとうた』p.107

Point

- 片膝立ちの姿勢は難しい。2・3 歳の子どももこのリズム遊びをやりたがりますが、片膝立ちの姿勢はできなくても大丈夫です。

① 2.3 人で向き合って片膝をついてしゃがむ。膝立ちしていない方の足指は返す。
　両手は口の前に合わせてくちばしをかたどり、お話をする動作をする。

② ２回目の曲の繰り返しはオクターブあげてテンポを速くする。立って思い思いの方向に羽を広げて飛んでいき、木の実を探す。

③ 曲が元のテンポに戻ったら、そばにいる友達と向き合ってしゃがみ、くちばしをカチカチさせながらでお話をする。

④ 子どもの人数は決まっていないので、楽しく小鳥のお話をする。

小鳥のお話

おはなし　しましょう　おはなし　しましょう

ピピピー　チチチー　おはなし　しましょう

42. 糸車

▶ 対象　3 歳児〜
▶ 楽譜　『さくら・さくらんぼのリズムとうた』 p.111

Point

- 4 歳児までの子ども達がやる場合、1回目は最後まで右回り（時計回り）をやり、また 2 回目は左回り（反時計回り）をやります。
- 子どもが飽きるまでやるとよいでしょう。
- 横歩きと横ギャロップがあるので左右差が大きく、逆足が出にくい子にとっては手をつないでいるのでやりやすいです。

8 人でやるが 8 人になるために 2 人組の何かのリズム遊び（例えば、" なべなべそこぬけ " で 2 人、4 人になってから 8 人グループをつくる。他の 2 人組のものでもよい）

① ♪ぶんぶんまわれ　糸ぐるま
ぶんぶんまわれ　糸ぐるま♪

8 人が手を繋いで輪になって横に右回りにあるく。

② ♪はたけじゃ　小麦がずんずんのびる♪

輪の中心に向かって 進みながら繋いだ手をだんだん高く上にあげ輪を縮める。

☆回り方については『さくら・さくらんぼのリズムとうた』
P55、56 糸車の説明文に「右回りに歩く」とあります。
手をつなぎ輪になって動くリズムははじめは右回り（時計回り）です。

③ ♪僕らのくらしをはげますように♪
手を下ろし横に広がりながら後ろに下がって元の輪に戻る。

④ ♪ぶんぶんまわれ　糸ぐるま♪
横にあるいて回る。

⑤ ♪ラララン　ラララン
ララララララ ラララン♪
速いテンポになり、このテンポに合わせて右にギャロップで回る。
（年長児がやるとき、ギャロップは右回りに２小節、左回りに２小節、勢いよく回る。）

3.4 歳児（年長児のみ）は同じ方向にギャロップ。
そして次の回ははじめから逆まわりをする。

☆右回りから左回りに変わる時は腰をしっかり使ってパッと足を止め、きれいに方向転換できるようにする。踏ん張りが必要。

糸車

ぶんぶん まわれ いとぐるま
ぶんぶん まわれ いとぐるま
はたけじゃ こむぎも ずんずん のびる
ぼくらの くらしを はげます よう一に
ぶんぶん まわれ いとぐるま ララ
ラン ララ ラン ララ ランラ ランラン ランランランララ
ラン ララ ラン ララ ランラ ランラン ラン ラン

43. 毛虫から蝶へ

▶ 対象　4 歳児～

▶ 楽譜　『絵で見る斎藤公子のリズム遊び』p.77

Point

- "あひる"のリズムが苦手な子はお友だちと一緒にこの毛虫をやるとよいでしょう。

① ♪あ～もみのき～　歌の最後まで♪ 4、5人～8人ぐらいで、前の子のお腹にしっかり 両手を回ししゃがみ、出す足をそろえて、アヒル歩きで自由に進む。
♪あ～もみのき～　歌の最後まで♪

② ♪ゆりかご♪の曲で目を閉じて前の子の背中おでこをつけ、さなぎのように眠る。

③ 春、蝶になって舞う。飛ぶ方向やかたちは自由。
♪もみのき（1 オクターブ上げて軽やかに 2 回くらい繰り返し弾く。）♪

もみのき

第５章　年長のリズム遊び

作：斎藤公子

年長リズムについて

つくづくリズム遊びは身体だけでなく、心も育てるものだということがよくわかるのが年長リズムではないでしょうか。身体の隅々まで自分の意のままに動かすことが出来る自由を獲得し、６歳をむかえるこどもたちはさらにイキイキとリズム遊びを楽しむようになります。それまで一斉に同じ方向を向いて左回りに走っていたリズムは、脳が９０％できあがるといわれるこの時期には、他者とは同じ方向には行かず自らの進む道を瞬時に判断する「乱舞」が出来るようになっていきます。

「身体を動かす」というリズムから「脳も使う」リズムへと変化していきます。さらに拍（リズム）を刻めるようになったリズム感と感性豊かに育ったイメージ力は、リズムにとどまらず舞踊へと変化していきます。こうして５歳児のリズムは仲間と共に身体の自由ばかりでなく、心の自由も獲得して、学童期へと巣立っていくのでしょう。

斎藤先生がよく話されていた年長リズムについて、実践してみて分かってきたことをここで整理してみたいと思います。

・乱舞「広がること、人の後ろについていかないということ」

年長になりリズムをした時に、こどもたちに広がりがなく、人にくっついている子がいるとよく斎藤先生に「集団の質」を問われたものです。この時期のこどもたちは、それまでの魚類のように他者と同じ方向に進むリズムではなく、他者とは違う方向に進む「乱舞」をします。広い視野を持ち、人に流されずに、瞬時に自分の位置を見定める。常に思考を働かせリズムをします。斎藤先生はリズムを行いながらも、人に流されずに、自立した考えを持つことをこどもたちに求めているのではないかと思っています。

また乱舞で行うリズムは人との距離感が分からずに突き進むと危険を伴います。乱舞であるため、自分も他者も自由に動きます。自分のイメージした先に他者が急に入り込んでくることもあります。側転では回転前と着地点の時間差も考慮して場所を決めなければなりません。こどもたちは身体を使いながら、その身体を動かすために脳もしっかり使っているのです。

自信がなかったり、他者の目を意識しすぎる子はなかなか広がることが出来ず、他者にくっついてしまう傾向があります。集団的には大人の言うことに黙って従う傾向の強いクラスもなかなか広がることが出来ないように感じます。それを理解していることが大切で、言葉で諭（さと）して広がらせようとせずに、５歳児の誇りに満ちた豊かな生活の保障がこどもたちに自信を育み、心が解放されていくことで自ずとこどもたちは広がっていくようです。

保育者はこどもたちに対して指示・命令を慎み、こどもたちが自分の感情を臆することなく表出できる環境を整え、自治集団を創り育っていくことを心から望んだ時に、こどもたちのリズムの姿勢も変わっていくのでしょう。

・道具を使う「出来るまで挑戦する意欲」

人間が二足歩行を獲得し、手が空いたことから、道具を使うようになりました。道具を使うということは人間である特徴でもあります。そして人間は「初めは出来なくても、やっていくうちにだんだん上手になっていく」という特徴ももっています。早く出来ることがよいのではなく、出来るまで諦めずに取り組むことが人間の素晴らしいところなのだと思います。コマ・マリ・縄跳びなど道具を使うリズムは、初めは全く出来なかったことが、練習すればするほど上手になっていきます。道具を使ったリズムを毎日積み上げていき、昨日よりも今日もっと上達している自分を感じる。「私はやればできるんだ」という肯定感はリズムの中でも育っていきます。

また、斎藤先生はよく「一人が出来たら、みんな出来るよ」という言葉をこどもたちに語りかけていました。誰かが出来る、それを羨(うらや)むのではなく、「あの子も出来たのだから、自分もきっと出来るようになるよね。同じ年長だもの」と希望に変えていく。誰かが出来たことを自分の中に取り込んでいくのも、5歳児の心です。大いに他者から刺激をもらい、励まし合ってより良い集団に高まっていける時期といえるでしょう。

・舞踊「表現するリズムへ」

卒園期になるとリズムも「舞踊」の要素が多く取りいれられていきます。思うように自分の身体を動かせるようになり、歩く・走る・跳ぶなどの動きも難なくできるようになっていき、拍をしっかりと身体で表現するステップのリズムも楽しめるようになっていきます。その先に、「表現する」という5歳児の姿が現れます。それまでのピアノの曲に反応していたリズム遊びが、よりイメージをもって踊るという姿になっていきます。木の葉・雪・とんび・かもしか・波…、そしてちょう・カリンカ・たきび・五色の玉・唄・銀波（70. 海辺でたわむれる子どもたち）など、いくつものリズムが構成されて一つの物語を踊る年長後半のリズムは、こどもたちを夢中にさせます。斎藤先生が常々語られていたように「子どもは文化を食べて育つ」という言葉の意味が、卒園期に見事に花開いていくようです。

素晴らしい音楽と物語、こどもたちが日常的に触れている心躍らせる文化がやがて美しい表現になって喚起され、仲間と共に手をつなぎ、輪になって喜びを表現するようになっていくとき、正に「ヒトが人間になる」といえるのでしょう。

・交流「人と関わり合って人は育つ」

5歳児にもなると個性の違いが理解できるようになり、「あの子は○○が上手なんだよね。」と他者のよいところに気が付くことが増えてきます。人から刺激を受けて、「あの子が出来たのだから、自分も…」と自分の中に他者を取り込んで、自分を高めていくようです。また他者の応援を支えに、ちょっと難しいことに挑戦するという意欲もわいてきます。自分一人では向かえないような苦手なことにも、仲間が応援してくれると持っている以上の力が出せるのもこの年齢の特徴といえます。次年度には小学校入学という新しい世界に巣立っていくこどもたちは、自分の園の仲間を超えて、もっと多くの、そして新しい仲間からの刺激も吸収していきます。どんなに大集団だとしても「いつもの仲間」から、「新しい仲間」を求める気持ちが、「もっと素適な子がいた」と交流での発見に目を輝かせます。

交流することは、年長児にも保育者にも視野を広げる大切な活動です。人は人と関わって成長していきます。園という垣根を超えて、良いことはみんなと分かち合い、個人の成長がやがて集団の高まりになっていくことを、リズム遊びを通して実現していけるのではないでしょうか？

44. 兄弟すずめ

▶ 対象　５歳児
▶ 楽譜　『さくら・さくらんぼのリズムとうた』p.108

Point

• ３人のチームを組み、兄弟の役割を交代しながら踊りを楽しみましょう。
• リズムに合わせる、スキップを楽しむ、行き先を決めるなど主体性を生かしたリズムです。
☆身体を触られることが嫌な子もいるので、その子に合わせて繋がる部分を変えてもよいでしょう。
（肩が嫌なら腰、衣類など）

① ３人で組を作り、縦に並ぶ。先頭は兄さんすずめで、両手を翼にして広げる。２番目、３番目は、前の子どもの肩に手をのせてつながる。

② A ♪こえだにー　こえだにー　きょうだいすずめが　さんぽ♪の最初の４小節は、足を交互に前に出して踵を地につけ、８歩前に進む。

③ B ♪兄さんすずめはおこめずき♪の２小節で、１番目の子ども（兄さんすずめ）だけスキップで好きなところに跳んでいく。このとき、あとの２人はしゃがんで手を叩いている。

④ C ♪中のすずめはきのみずき♪の２小節で、２番目の子ども（中のすずめ）がまたスキップで兄さんのところに跳んでいき、しゃがむ。

⑤ D ♪おとんぼすずめはむしがすき♪では、最後の３番目の子ども（おとんぼすずめ）がスキップで兄さんたちのところに跳んでいく。前の２人はしゃがんで手たたいて待っている。

⑥ 最後の E ♪だまって３羽が並んだ♪で立つ。

⑦ 次のピアノの間奏で、兄さんすずめは羽ばたきながらスキップで１番後ろに回り込み、今度は最後についておとんぼすずめになる。

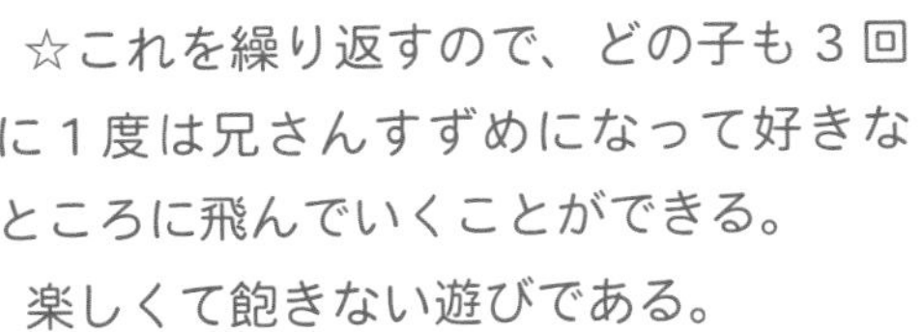

☆これを繰り返すので、どの子も３回に１度は兄さんすずめになって好きなところに飛んでいくことができる。
楽しくて飽きない遊びである。

座って待つときには、片足のひざを立て、イラストのようにしゃがむ。

兄弟すずめ

45. ラン・アンド・ストップ

▶ 対象　5 歳児

▶ 楽譜　『さくら・さくらんぼのリズムとうた』 p.93

Point

- スキップは 3 歳を過ぎないと難しい運動なので、スキップができるようになってから楽しみましょう。
- ピアノの音をよく聴き、ピアノの音が止まったら素早く止まって伏せます。再びピアノの音が聴こえたら、素早くスキップをします。動きの変化を楽しみましょう。

①スキップをする。
②ピアノが突然止まったら「きしゃ」のように滑り込んで伏せる。
③ピアノの音が聴こえたらすばやく起きて再びスキップをする。
④ピアノをどこで止めるか、何回止めるかは決まっていない。

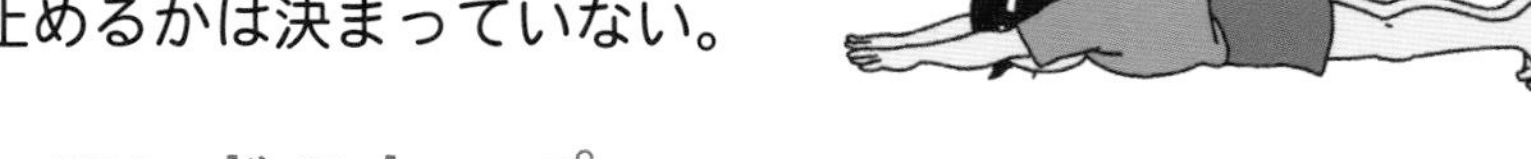

ランアンドストップ

46. ポルカ

▶ 対象　５歳児
▶ 楽譜　『 斎藤公子のリズムと歌 』p.76

Point

- ヨーロッパの舞踊の基本的なステップの1つです。
- 縦のギャロップ、スキップの次に楽しめるステップです。

☆はじめは子どもに合わせて弾き、子どもがステップを体得できたら、ピアノが先導するように弾くとよいでしょう。

素早いツーステップの連続。膝からつま先までをきれいに伸ばして踊る。 右足を出した時に右肩が前に出たり、左足を出した時に左肩が出たりせずに、上半身はそのままで踊る

ポルカ

47. フォローステップ

▶ 対象　5歳児
▶ 楽譜　『斎藤公子のリズムと歌』p.77

Point

- ゆったりとピアノに合わせて踊りましょう。
- 腕の力の抜き方がポイントです。決して力を入れすぎないようにしましょう。
- AとBの曲調の違いを楽しめるリズムです。

☆保育者は足で弧を描くようにすると美しいフォローステップになります。

年長リズム

① Aで2人組になり手を重ね、リズムに合わせてゆっくりと身体の重心を移して横にすすむ。踵を上げて後ろの足を一足一足前の足のところにそろえるように横に進む。

② Bで重ねた手を離し、向かい合って、すぐに右手を繋ぎ、リズミカルに。勢いよくスキップで回る。

③ Bの繰り返しで向かい合って手をたたき、再び2人組のスキップで逆まわりをする。

フォローステップ

48. つばめの乱舞

▶ 対象　５歳児
▶ 楽譜　『斎藤公子のリズムと歌』p.69

Point

- つばめの羽にみたてて、後方に腕を固定して走ることで体幹が鍛えられます。

☆席に戻る音を自分で聞き分けているか、友だちにつられて戻っているか、子どもの様子に注目しましょう。

① 両手とも後方に伸ばしツバメの模倣をしながら人とぶつからないように自由に走る。(乱舞)

② 𝄐(フェルマータ記号)の音が鳴ったら、すばやく身をひるがえし席に戻る。

つばめ

49. ①歩く（3 拍子）

①歩く

▶ 対象　5 歳児

▶ 楽譜　『斎藤公子のリズムと歌』p.103
ヨナーソン「カッコウワルツ」

Point

- 3 拍子の曲は、強・弱・弱と、そのリズムを全身で表現し、踵を上げてなめらかに歩きましょう。
- つながって歩くリズムは、前の人に引かれて歩くときれいな動きになります。

☆前の人に引かれて歩くのではなく、飛び出してしまう子には、その子の後ろに保育者が入り、調整します。

☆はじめのうちは一番前と一番後ろは保育者がやるとよいでしょう。

☆ピアノは 4 番の終わりまでに戻ってこられなければ、前奏を繰り返し弾いて調整します。

① A でうたが始まったら前の人につながって歩く。

② 4 番になったら先頭の人は、席に戻るようにイメージしながら歩く。4 番が終わるまでに席に戻れるようにする。

ごもんのまえの

49. ②歩く（4 拍子）

- ▶ 対象　5 歳児
- ▶ 楽譜　『斎藤公子のリズムと歌』p.101

Point

- 川の流れを表現しながら、手をつないでピアノに合わせて歩く、舞踊の基本のステップです。
- 春には「おお牧場は緑」、夏には「七夕」、秋の運動会では「里の秋」 など季節によって様々な曲を使ってみましょう。
- 歩くリズムは意外に難しいものです。基本が充分にできてからそれを基礎につま先できれいに歩き、決して先を急がないようにしましょう。

兄さん太郎は

A

にいさんたろうは　どうしてる　ふねのかしら　ふねにのる　ねえさんまさは
ぬのをおる　おったぬ　のは　なんのいろ　あかいろくろいろ　とりまぜて
おまえのおびを　ぬいましょう　おまえのきれいな　はれすがた　はやくおおきく
なってくれ　フェー ヌフェー ヌ　マチャシンゴ　わたしのきれいな　みずばちで
そこにはなを　さかせましょう　さいたはなは　なんのはな　はなのきれいな　ぼたんばな
なかないこには　はなあげよ　なーくこには　あげないよ　フェーヌフェーヌ　マチャシンゴ

豆知識

卒園期のリズムには 4 拍子のリズムのものが多い。4 拍めを待って次の一拍めを強く踏み込む（荒馬、竹踊りなど）。リズム感覚、協調性を養う。

とんび

50. とんび

▶ 対象　5 歳児
▶ 楽譜　『斎藤公子のリズムと歌』p.71

Point

• 乱舞のリズムは広がることやぶつからないことを意識して行いましょう。
☆スピードがつくので、場所の広さや、行う人数は危険のないように保育者が調整しましょう。

① 猛禽(もうきん)類らしく手首を下げて、5 本の指は精一杯力を入れて広げる。

　両腕を横に広げて、翼の大きさ、鋭さを表現しながら、前奏（楽譜 4 段目♪たのしーげーにわをかーいーて♪ で立って準備し、A で飛び出し全速力で走る。

☆指先にまで神経を行き届かせ全速力で走る。

② B でピアノに合わせて★のところで 4 回、かもしか跳びを繰り返し高く跳躍する。

③ C で席に戻っているようにする。

とんび

豆知識

激しく動き回る運動は、年齢に応じて持続度を見ながらピアノを弾いていくことが必要である。私たちの園では、広いホールの四方に子どもたちを分けて座らせ、年齢の大きな子どもたちからやらせて、交代のときに充分に身体を休ませるようにしている。

子どもの数が少なくて、順番にやらせるほどの人数がいないような場合には、激しく動き回る運動と、静かにゆっくりする運動とを交互に組み合わせてやり、子どもたちの心臓に負担をかけすぎないようにすることが大切である。

静かな運動としては、「あひる」「かめ」「かに」「おじいさんおばあさん」などがある。

『さくら・さくらんぼのリズムとうた』p.42 〜 p.43 参照

51. かもしか

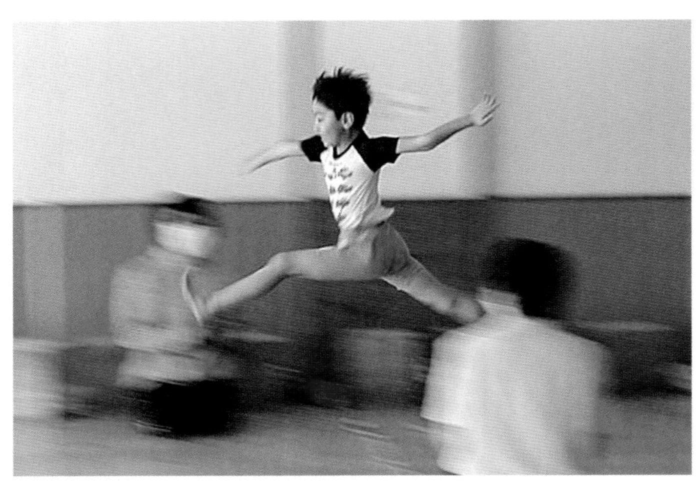

▶ 対象　5 歳児
▶ 楽譜　『さくら・さくらんぼのリズムとうた』 p.119

Point

- 前後の足がきれいに伸びるようにしましょう。
- 川や谷を「跳び越す」イメージで行いましょう。
- 足を前後に開いて遠くに飛ぶか、前足は少し曲げて高く飛ぶか、どちらの飛び方もその子に合ったやり方で行うとよいでしょう。

☆川に見たてて、縄を並行に 2 本置くと、跳び越えるということがイメージしやすいです。
☆この運動はぶつかると危険なので、自由な方向に走ることはせず、1 人ずつ順番に跳ぶか、あるいは親かもしかの後について同方向に群れて跳ぶようにしましょう。
☆しっかり身体ができているか見極めてから行うことが大切です。

☆後ろの足の膝を曲げないように跳ぶ。

① 踏み切り。

② 着地
踏み切り足と着地足は異なる。

52. こま

- ▶ 対象　5 歳児
- ▶ 楽譜　『斎藤公子のリズムと歌』p.100

Point

- 全員が自分でできるようになるまで根気よく繰り返し楽しみましょう。

☆道具を使うリズムは " やればできる " ことを体得できるチャンスです。
☆保育者が一緒にコマを持ち、「投げる」「引く」タイミングを経験させてあげるのもよいでしょう。
☆習得までには個人差があり、時間のかかる子もいます。意欲がそがれないように援助しましょう。

全員が回せるようになったら、クラス全員で一斉に回したり、誰が１番長く回せるか競ったり、またイスやテーブルなど広さを限定して技を磨いていくのも楽しい。

豆知識

こまは、6 歳を迎えた子どもたちにはぜひ教えたい、遊びである。しっかりとこまに紐を巻き、投げると同時に紐を引く。そのタイミング、こまが回った時の快感は、実にこころよいものである。

こまに紐を巻いている子どもの手指に注目してほしい。親指はもうしっかりとほかの 4 本の指に向き合っている。この手こそ人間の手である。猿の親指は第 2 指としか向き合わないという。人間の親指はほかの 4 本と大きく離れて動き、どの指とも向きあうようになるのが特徴である。

『ヒトが人間になる』　p.215 参照

53. なわとび

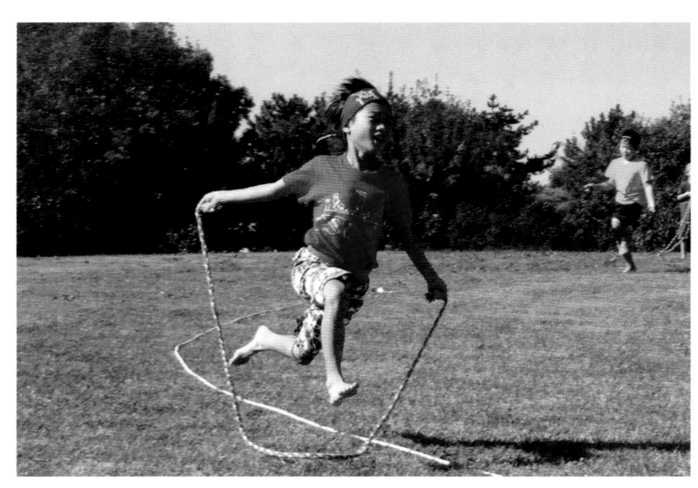

▶ 対象　5 歳児
▶ 楽譜　『斎藤公子のリズムと歌』p.91

Point

- はじめは跳べなくても、何度もやるうちに上手になっていきます。
- 室内でも屋外でも楽しめる道具を使うリズムです。

☆ピアノのテンポは、跳び始めは子どもの速さに合わせ、卒園期はピアノが先導するように弾くとよいでしょう。
☆障がいがある子の場合などは、両手に短い縄をそれぞれに持たせて走り、腕を回す縄跳びの動作を楽しむこともできます。　<DVD 第 4 巻「楽しく、しなやかにリズムあそび」24 縄跳び参照 >

室内でも、屋外でも、広い場所であればどこでも自由に跳んで遊べる。

リズムでは順番に前の子とぶつからないように出る間を考えたり、障害物（鉢やイス等）をぬうように跳ぶ等、色々な縄跳びのリズムが考えられる。

なわとび

ひ と つ
とん で
ま た
とん で
みー っつ
め が
と べ た な
ら お つ
ぎ の
一 か た の
ば ん で す
よ

豆知識

市販されているビニール製の縄などは重みもなく、使っていて楽しくないので、子どもたちに自分で編ませるのがよい。木綿の色とりどり（水、赤、桃、黄、緑、紫など）の生地を…
必要な長さの約 1.5 倍（3m 前後）位に切る。幅は並幅（約 90㎝）を六等分し、子どもたちに好きな色を 2 色選ばせ、3 本とらせて三つ編みを教える。3 色だとくどくなる。先はほどけないように結び目を作る。しっとりとした重み、手触り、色の美しさは大変快い。

年長の子どもたちは、この三つ編みの方法を教えると、すぐできるようになる。これまでの全身の発達が手指の操作をたやすくさせてくれているのである。

『斎藤公子のリズムと歌』p.90

54. スケート（氷すべり）

- ▶ 対象　5 歳児
- ▶ 準備　靴下（手編みで、毛 100%が望ましい）
- ▶ 楽譜　『さくら・さくらんぼのリズムとうた』p.99

Point

- くつ下をはき、あえてすべりやくして、すべり込みます。
- 寝たり、立ち上がったりの繰り返しがある激しいリズムで体幹がきたえられます。

☆くつ下をはいているため滑りやすいので、保育者は子どもの力を見極めて行いましょう。

① 靴下をはく。1列に横並びして準備する。

② A でホールの端まで一直線に走り、B でホールの端の手前ですべり込み、すばやく身体の向きをかえてすべり込み、うつ伏せになる。

③ 右の図のように、足指を返しうつ伏せになり伏せる。
この遊びを 4 回繰り返す。

☆手は伸ばし、おでこをつける

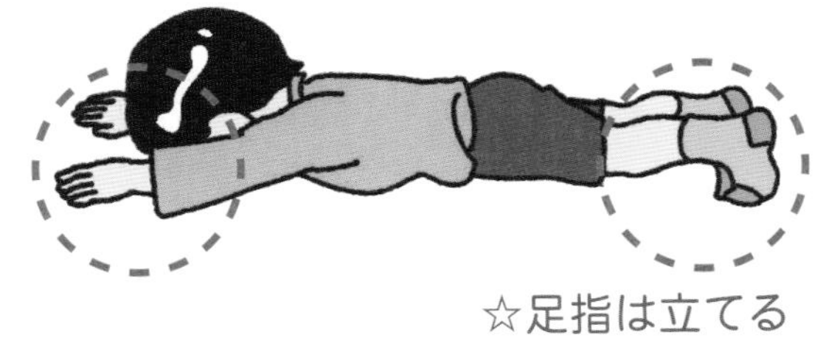

☆足指は立てる

☆全員が足指を立ててうつ伏せになっていることを確認して、次のフレーズを弾く。

スケート

④ C ですばやく立ち上がり、スピードスケートのように速さを競う。

氷すべり

55. まりつき

▶ 対象　5 歳児
▶ 楽譜　『さくら・さくらんぼのリズムとうた』 p.129

Point

- ビニール製ではない「純ゴムまり」を使いましょう（6 インチ（約 15.2cm）程度）
- ピアノのテンポは、つき始めはゆっくりでよいが、卒園期には、子どもがピアノに合わせられるようになっていきます。

① 連続してつけるようになったら、腰を曲げずに踵を合わせ、背筋を伸ばした姿勢でつく。

② 立ったまま・歩きながら・障害物（人やイスなど）をぬって歩く等様々な実践が考えられる。

豆知識

「あんたがたどこさ」は、熊本市船場地区に関連する日本の童謡・わらべうた。 古くは女の子の手まり唄（まりつき唄）として歌われた。 遊び方は、4 拍子のリズムでボールをついて、「さ」の所で足にくぐらせる。 最後の「ちょいとかぶせ」でスカート（昔は着物）でボールを隠す。又は、手でキャッチもいい。

56. とび箱

▶ 対象　5歳児
▶ 楽譜　なし

Point

- はじめは跳びこせなくても、やっているうちに跳びこせるようになっていくので、繰り返し遊びましょう。
- はじめは横のとび箱から取り組んだ方が、抵抗感がないようです。

☆横のとび箱はとび板を離すと危険です。

　恐怖心のある子にはとび箱の上に足をひらいて飛び乗ることからはじめる。
　何度もやると徐々に慣れてきて、恐怖心がなくなってくる。

跳び箱を横にして飛ぶやり方

豆知識

　6歳になった子どもはとても好きである。最初庭に埋めたタイヤを跳んで喜んでいた子どもたちが、とび箱の横の4段から横の5段が跳べるようになり、次第に縦の4段、縦の5段が跳べるようになると、今度は踏み板を少しずつ離して跳ぶようにする。
　だんだん踏み板を自分で引き離し、どのくらい開けて跳べるようになるか自分を試しながら楽しむ。「パーン」と踏み板を蹴って身体を浮かして跳ぶ力は、0歳から保育した子どもたちは素晴らしいものであり、学力につながる力であることが、小学校の高学年になると裏付けられていくのである。

DVDブック子どもたちは未来第Ⅲ期『斎藤公子のリズムと歌』より抜粋 p.99 参照

57. 竹のぼり

竹のぼり

▶ 対象　5歳児
▶ 楽譜　なし

Point

- 両足裏でしっかりはさみますが、目線は常に上を目指すとよいでしょう。
- 自分の身体の重みを感じることができる大切なあそびです。
- 足が滑ってしまうことを気にする子がいますが、竹のぼりは手の力の方が重要です。

☆落ちると危険なので、保育者は油断せず必ず近くにつくようにしましょう。
☆６本の縄を６人の大人で均等に引っぱり竹を支えます。

① 様々な色で編んだ長縄で支えた竹の棒を登って頂上にタッチする。

② 降りる時は足指を滑らすように軽く滑り降りる。

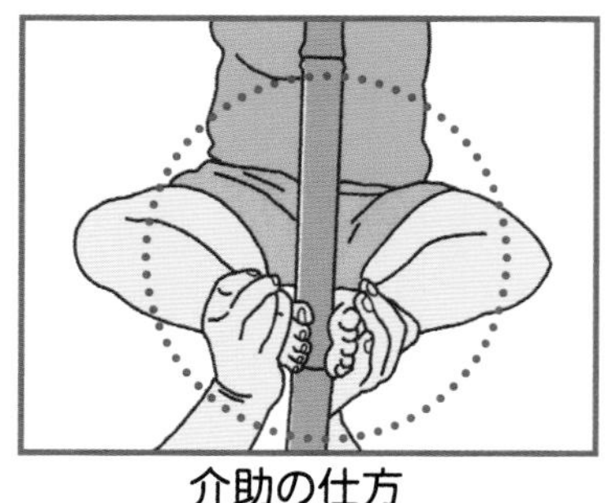

介助の仕方

☆どうしても介助が必要なときには、図のように子どもの足を支えてあげましょう。
☆両方の足裏で竹を挟まずねじった形で竹を挟む子がいます。できるだけ両方の足裏を合わせてのぼるように介助しましょう。

58. 竹馬

▶ 対象　5 歳児
▶ 楽譜　『さくら・さくらんぼのリズムとうた』 p.265

Point

- はじめのうちは踏み台を用意するとよいでしょう。
- なるべく足元ではなく遠くを見るように意識して、背すじを伸ばして行いましょう。
- 裸足で、指の間にきちんと竹を挟んで歩かせることが大切です。

最初は１段で竹を足の指でしっかり押さえて一歩一歩踏み出す。

全て、日常の生活と「さくら・さくらんぼリズム遊び」で培われた全身の発達を促した結果が、この竹馬に出ている。

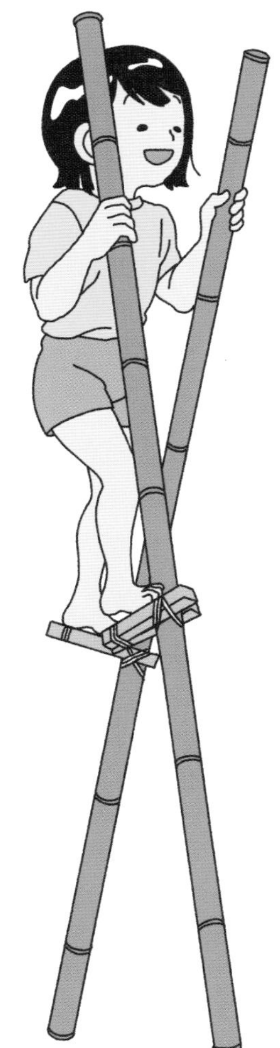

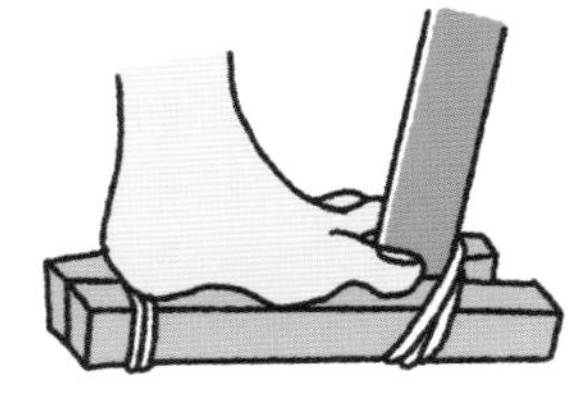

桜三月

さくらさんがつ　はなさかり　かきのきじゅうがつ　さんごのみ
てんぐのこせがれ　かぜもってこい　ひょうひょう　ひょうはなふぶ
き　ひょうとをあけ　ろ　ひょうとんでい
けー　とんでい　け

59. 木の葉

▶ 対象　5 歳児

▶ 楽譜　『さくら・さくらんぼのリズムとうた』
p.115

Point

- 木の葉がひらひら舞うように優雅に踊りましょう。
- 指を意識して拍が上手くとれるようになると、とても気持ちのよいリズムです。

木の葉

① 前奏で準備し、立って待つ。

② 1小節ごとに1拍目を高く跳び、その後の3拍は、小さく跳ぶように踊る。

特別な振り付けは無く、木の葉が音もなく落ちてくるのを見上げるように走る。

60. 雪

▶ 対象　5 歳児

▶ 楽譜　『さくら・さくらんぼのリズムとうた』 p.97

Point

- 降る雪が手のひらに舞い落ちるイメージでやってみましょう。
- 腕の関節をしなやかにゆるめることが体得できると、気持ちよくできるリズムです。
- 目線は手のひらに降ってくる雪を見るようにやるとよいでしょう。

☆目線は雪を見るイメージで、さらに乱舞を行うので、広さや人数を保育者は考えて行いましょう。

① 前奏で手を目の前に出し準備をする。

② A で差し出した手のひらに雪が降ってくるようなイメージで飛び跳ねる。

③ B で席に戻れるようにリズムをする。

雪遊び

61. 雪遊び

▶ 対象　5 歳児
▶ 楽譜　『さくら・さくらんぼのリズムとうた』
　　　　（歌詞は変更してあります）p.98

Point

- 1番の雪合戦の時に雪玉を作りますが、いい加減な動作をせず、しっかり床から雪をすくい丸める動作を行うとよいでしょう。

☆雪だるまの時に力加減がわからないと危険なので、子どもの様子をしっかり見ましょう。
☆首を内側に入れづらい子には介助をしましょう。

＜1番＞
① A ♪うれしいな　うれしいな
たくさんつもったこの雪で♪

2人組で手をつないでスキップ

② B ♪なにしてあそぼ　雪だるまつくろう♪

で向かい合って両手をつなぎ、左右にゆすって相談する。

※雪遊びの曲を1オクターブ上げて早く弾く。
※1人が前転をしてもう1人が優しくお尻をおして、前転を助ける。

雪遊び
A
うれしいな　うれしいな
たくさんつもった　このゆきで
B
な　に　し　て　あ　そ　ぼ
1. ゆ　き　だ　るま　つ　く　ろう
2. ゆ　き　がっせん　し　よ　う
3. そ　り　す　べり　し　よ　う

※3つのリズムの順番を変えたり、すべてをやらなくてもよい。

＜２番＞
１番の①を繰り返す②♪ なにして遊ぼ ♪までは同じ。
♪雪合戦しよう♪で雪合戦の真似をする。

※雪遊びの曲を１オクターブ上げて早く弾く。
※２人がはなれて向かい合い、雪玉を作って投げ合う。

＜３番＞
１番の①を繰り返す②♪ なにして遊ぼ ♪までは同じ。
♪そりすべりしよう♪で２人組のソリあそびをする。

① １人は開脚して座り、もう１人は進行方向に向かって座っている子の手を引っ張る。引く子は胸を突き出すようにして引く。
② 音が１オクターブ高くなったら、交代する。
※ジングルベルの曲を弾く。

Point

- ３番目のソリでは開脚して座る子は簡単そうに見えますが、引っ張られると膝が内側に入ったり、足裏でストップをかけたりしてしまいます。座っている子は開脚しながら踵を少し浮かせることでスムーズに滑るようになります。

☆ 膝の強さ・腹筋で踵を少しだけ上げることを保持する力は、日頃からリズムに取り組んでいることで身につきます。

62. そり（トロイカ）

- ▶ 対象　引く役：５歳児
　　　　乗る役：２歳児～
- ▶ 準備　毛布、縄跳びのロープ、そりを手作りするとよい。
- ▶ 楽譜　『さくら・さくらんぼのリズムとうた』p102-103

Point

- クリスマスの時期に向けて異年齢でワクワクを楽しむことができます。引く側と乗る側をトナカイとサンタクロース役にします。
- ホールに柱や壁があるときや狭いときは、回るのは難しいので、壁際に大人が立った方がよいでしょう。
- リズムをやりたがらない子どもには効果的なリズム遊びです。
- 斎藤先生がやっていた時は、毛布と縄跳びの縄やござなどを使ってそりを作っていました。

① そりを引くのは、４、５歳児以上で３、４人。

そりに乗るのは２歳児以上、複数で乗る。

１歳児は大人と一緒に乗る、トロイカの曲に合わせてそりを引っ張る。

② ホールを１周、または２周と決めておいて、交代する。

そりを引く子ども、乗る子どもの交代に時間がかかるのでそりを２つ用意しておくとよい。

③ クリスマス会などではお父さんが引いてくれると子ども達はとても喜ぶ。

トロイカ

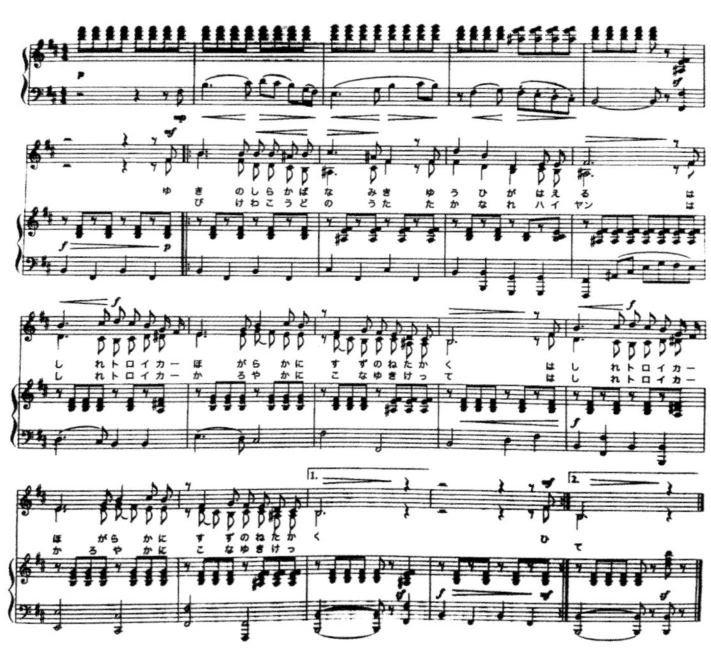

63. 夕日

▶ 対象　5 歳児

▶ 楽譜　『さくら・さくらんぼのリズムと歌』 p.196

Point

- 拍が合うだけでなく、手の上げ下げも合わせる集団のリズムです。
- 夕日のリズムが出来たら、たきびのリズムも取り入れていきましょう。

☆全員の手の上げ下げが合うまで、前奏は子どもに合わせて長さを調整して弾きましょう。

☆手の動きは、子どもが自分で気づいて調整できるように、分からない子には保育者が真横で一緒にやってあげるとよいでしょう。

① A 前奏で手のひらを上にして、両手同時に 1 拍目に上げ、2 拍目に下げる。

② B 手の上げ下げはそのままで、自由に歩く。

③ 歌が終わったら再びA前奏を弾き、リズムをしたまま席に戻る。

たきび

64. たきび

▶対象　5歳児
▶楽譜　『さくら・さくらんぼのリズムとうた』 p.205

Point

- ２人組、４人組、８人組と人が増えていく楽しさのあるリズムです。自分から人と組めるか、子どもの様子が良く見えます。
- 夕日～たきび～五色の玉、とバリエーションが広がります。

☆保育者は子どもたちのグループにならないように配慮しましょう。

＜１番＞

① A 前奏は、イス前で立ったまま「夕日」のリズム（手のひらを上にして 両手同時に１拍目に上げ、２拍目に下げる。）を行い、全員の手がそろうまで、ピアノで調整する。

② B ♪かきねの～おちばたき♪

夕日のリズムのまま自由に歩く。

☆手のひらを上にして 両手同時に１拍目に上げ、２拍目に下げながら歩く。

③ C ♪あたろうか あたろうよ♪で

２人組になり両手をつないで目を合わせて 軽く膝を曲げ右・左に顔を傾げる。

④ D ♪きたかぜ ぴいぷう ふいている♪

そのまま両手をつないでリズムに合わせて左右に腕を振り上げる。

４人組で♪

＜２番＞

⑤　B ♪さざんか〜 おちばたき♪

２人で手をつないで夕日のリズムで自由に歩く。

⑥ C ♪あたろうか　あたろうよ♪

２人組同士がつながって４人で輪になる。

⑦ D ♪しもやけ〜もうかゆい♪

リズムに合わせてフォーローステップで右まわりに歩く。

＜３番＞

⑧ B ♪こがらし〜おちばたき♪

４人で手をつなぎ夕日のリズムで自由に歩く。

⑨ C ♪あたろうか　あたろうよ♪

４人組同士がつながって８人で輪になる。

⑩ D ♪そうだんしながらあるいてく♪

８人組で肩を組み輪になって下を向く。

たきび

65. 五色の玉

▶ 対象　5 歳児
▶ 楽譜　『斎藤公子のリズムと歌』p.108

Point

- なるべく足音を立てずに常につま先で足踏みをしてリズムをとり続けましょう。
- 足踏みは、足が逆ハの字になるようにすると疲れずに最後まで足踏みができます。

①「たきび」の 8 人組から手をつないで輪をつくり、1 番にやる人を決める。この時 2 番目の人（左隣りの人）を確認しておくとよい。

② ピアノが始まったら足踏みをする。

③ 1 番目の人は楽譜 A から楽譜 B の手前まで（♪どのたま～しろいたまつなご♪）までの間を、手を放して左回り「糸」で縫うように右隣りの人の前を通って自分の元の場所まで戻る。

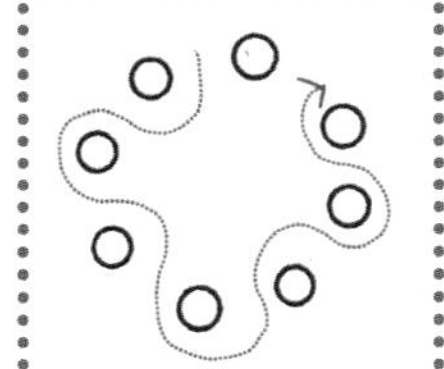

④ 楽譜 B から C の前（♪つないだ玉は七色五色（なないろごしき）♪）までにみんなで手をつなぎ右回りに走る。

⑤ 楽譜 C（♪おにんぎょさんの♪）で中心に集まり、D（♪くびかざり♪）で元の輪に広がる。

⑥ 2 番目は 1 番の人の左隣りの人が出る。

⑦ 8 人全員が「糸」をやったら最後の大きな輪に戻るとき、ゆっくりピアノを弾き、きれいな輪をつくる。

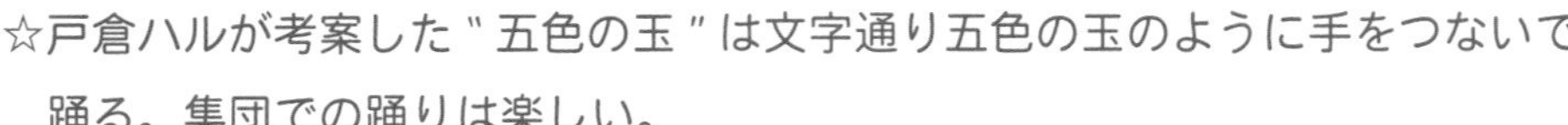

☆戸倉ハルが考案した " 五色の玉 " は文字通り五色の玉のように手をつないで踊る。集団での踊りは楽しい。

☆手をつなぎ輪になって踊る時は右回り（アナログの時計回り）が基本です。

〔座った五色の玉〕

Point

- 大きな輪をつくる時、８人→16人→32人というように人数をふやしていく。
- 手をつないだまま広がって、手を放し、一歩うしろに下がって脚を伸ばして座ります。
- 座る人は後方に手をつき、跳ぶ人の妨げにならないようにします。
- 座った五色の玉は左回り（アナログ時計の反時計回り）に走ります。２番目の人は１番の人の右隣りの人です。

① 写真のように座る。足をそろえ、手はうしろへ。

② １人ずつ、みんなの足を踏まないように右回りに跳ぶ。この時次の２番目の人は１番目の右隣りの人が立って待つ。このことによって１番目の人は戻る場所が確認できる。

③ １番目の人が戻ってきたら２番目の人は跳び始める。３番目（２番目の右隣り）の人は立って待つ。

④ 右回りで全員が跳び終えたら、次は逆回り（左回り）をやってみるのも楽しい。５歳児後半のリズム遊びは自分たちでルールを決めて、ルールを守ることが楽しい。

⑤ この時、回り方がわからなくなる子がいるが、はじめから教えるのではなく前の子のやり方を見せて、気づかせるとよい。

五色の玉

A
どのた まつなご
あかいたまつなご
あおいたまつ なご
しろいたまつなご
B
つ ない だ た ーま は
C
な ないろごしき
D
おにんぎょさ んの
くびかざり

66. カリンカ

- 対象　5 歳児
- 楽譜　本書 p.121

Point

- カリンカの曲に合わせゆったりしたフォローステップ。そして向かい合って握手のように手を繋ぎ、リズミカルに早いテンポでスキップをします。カリンカの歌詞を楽しく表現しましょう。
- カリンカにはもう一つのやり方があります。
1人、2人、4人、8人と順に増えていくカリンカです。本書では紹介していませんが、リズム遊び実践講習会などで紹介しています。

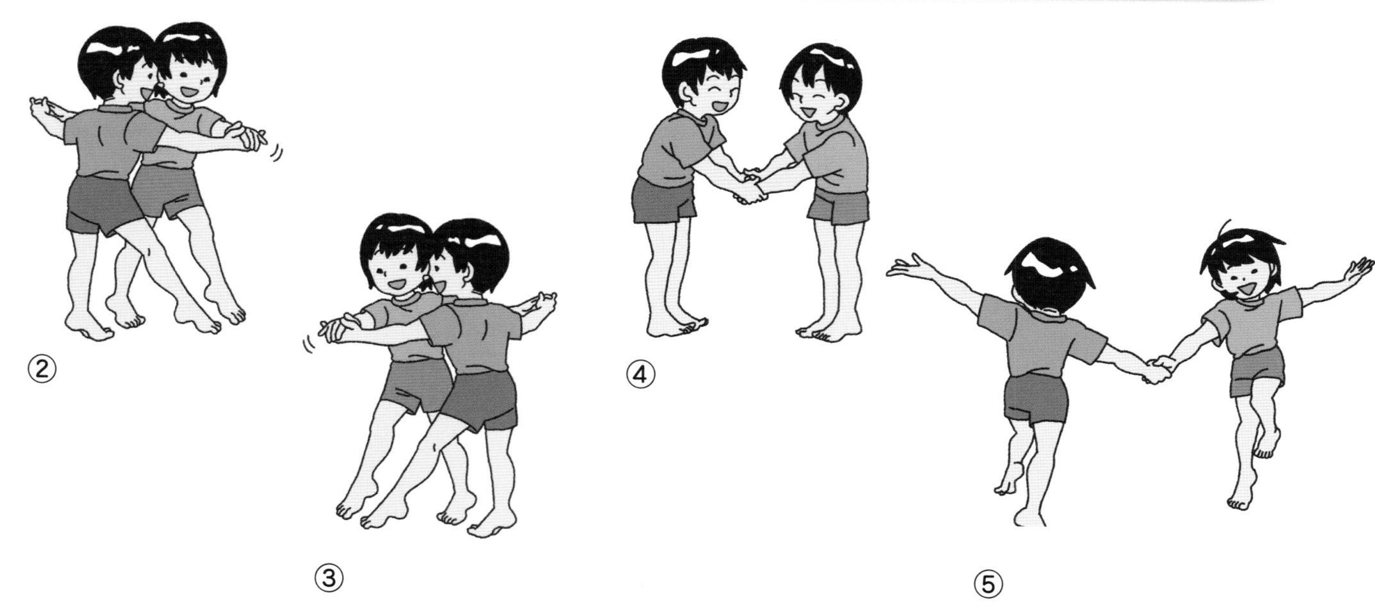

① 前奏で２人組になり、向き合い、手と手を合わせる。

② A-B でフォローステップで進む。

③ B の「ヘイ！」で逆方向のフォローステップで進む。（元の位置に戻るのではなく、広がりながら進む。）

④ C の「アーア」で目と目を合わせ手を繋ぐ。

⑤ D で向かい合って手を叩く。２人反対方向を向いて片手を繋ぎ、スキップでぐるぐる回る。E で反対側の手に変えて同じようにスキップで回る。

⑥Ｆで２人向かい合い、手を取り合って顔を見合う。最後は手を繋ぎ、１歩を大きく踏んで、席に戻る。(２番のグループが用意をする。)

カリンカ

A
D7 Gm D7

カ リン カ カ リン カ カ リン カ マ ヤ に わ に は い ち

1. B Gm Fine 2. C Gm F

ご わ た し の マ リン カ ヘイ カ カ　ア

D
B♭ F7 B♭ F7 B♭ E♭ C7

あ さ は ーー や ー く　と び お ーー き ー て　か ー お を　き れ い に
す あ し も ー か る く　タ プ チ カー は い て　あ さ つ ゆ　ふ ー ん で
あ さ つ ゆ ー ふ ん で　う し おっ て ー い た ら　も ー り の　な か か ら
お お き な ー く ま に　びっくり お ど ー ろ い て　く さ む ら　め が け て
く ま さ ん ー く ま さん　お ね が い ー だ か ら　わ た し の　う し に は

F E B♭ F B♭ F

あ ー ら ー う　ア　ア イ リュ リ　リュ リ　ア イ リュ リ
う し を お う
く ま が で た
と び こ ん だ
ふ れ な い で

B♭ 前奏 E♭ F Cm6 G D

リュ リ　か ー お を　き れ い に　あ ー ら ー　う ーー
あ さ つ ゆ　ふ ー ん で　う し を ー お　う ーー
も ー り の　な か か ら　く ま が で　た ーー
く さ む ら　め が け て　と び こ ん　だ ーー
わ た し の　う し に は　ふ れ な い　で ーー

67. ちょう

▶ 対象　5 歳児
▶ 楽譜　『斎藤公子のリズムと歌』p.85

Point

- 足は速く、手はゆっくりと上肢・下肢の動きが違うところがまさに " 年長のリズム " の楽しさです。
- チョウの羽はクロスしないように気をつけましょう。
- 腕を上げる時、おろす時は、しっかりと胸をはり、肩甲骨を寄せる感じで舞うとよいでしょう。

☆はじめは走らずに止まった状態で、手の動きを先に覚えると、子どもたちにはわかりやすいようです。

その場ですっと立つ。

(足の位置は後ろの踵をややあげて)

A　ひ ら ひ ら　ちょ う ちょ
B　ひ ら ひ ら　と ん で

① A でちょうの羽を上にあげる。

② B でちょうの羽を下にさげる。

A　あ か い　あ か い
B　お は な に　と ま れ

<走るちょう>

① ♪ひらひら♪

常にちょうの羽をイメージして両腕は横へ、目線は指先を追う感じで。
(速く走るが、手はゆったりと優雅に舞う。上体はいつもまっすぐのまま保つように気をつける。)

♪ちょうちょ♪

①から続けて両腕を頭上に。
(両腕が頭にきた際に両手首をしっかり合わせる。)

② ♪ひらひら♪

頭上に上がった両腕をおろす。
(下げる際にはつけていた両手首をパッと返す。)

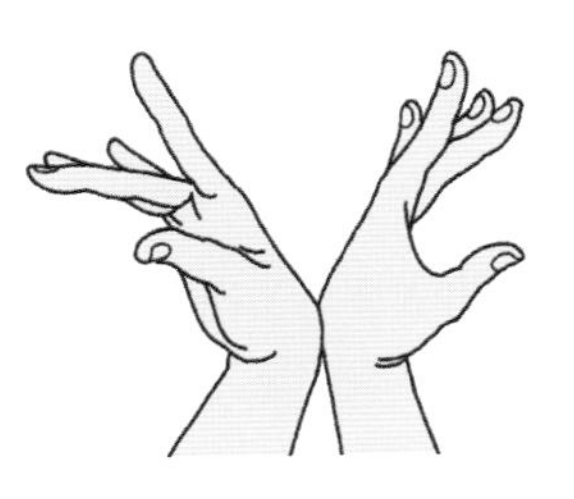

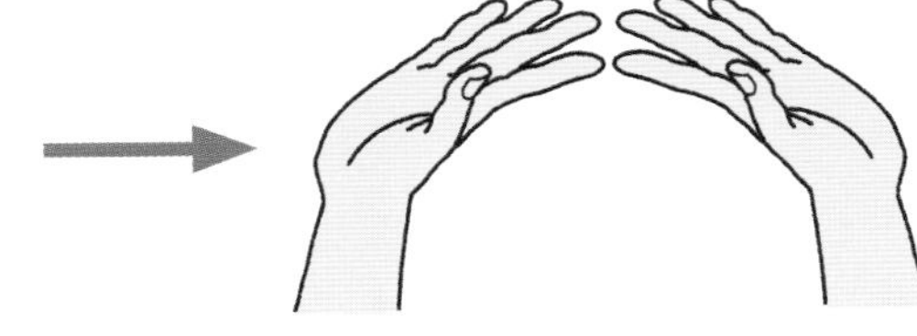

♪とんで♪

お腹の前で静かに両腕をおさめる。
(ちょうの羽はクロスすることはないので、指先を合わせるように。)

☆２小節で２回舞う。

＜止まるちょう＞

ゆったりと止まり、その場で腰をおろす

後ろの踵と足指はしっかり立て、腰（おしり）は落とさない。
上体はいつもまっすぐのまま保つように気をつける。

① 胸が開くようにしなやかに
上半身をそらせて踊る。

☆頭上に手がいったとき手の甲を合わせ、
おろす瞬間に " パッ " と手を返す。

② ゆっくり立ち上がる。

再び元の音程でピアノが始まったら、< 走るちょう > を踊る。
ピアノの弾き終わりに合わせて戻る。

☆ちょうの動きが体得できたら、走るちょうと止まるちょうを２グループで行う。１グループがまず走るちょうで出て、次に止まるちょうをする。１フレーズあとに２グループが走るちょうで出ると走るちょうと止まるちょうを組み合わせたリズムとなる。

豆知識

今までは主に足、特に足の親指の蹴りとその付け根を重視する運動であったが、最後に手を使う踊りの基本として、小走り→止まって→小走り、と繰り返しながら蝶を舞わせる。

この運動は、走りながら腕をちょうの羽に見立てて上下に動かすのだが、ちょうの羽は腕の全体に力を入れて上げ下ろしするのではなく、腕の付け根と肩こう骨のところから動かすのがコツである。

肩こう骨のところで動かすと自然に胸を反らすことになり気持ちがよい。足と手の動きが違うので、運動機能としてはかなり高度なものであるが、大きな深呼吸と合わせてするととても心地よいのだ。

68. 唄(うとう)（花と子どもと蝶）

▶ 対象　５歳児
▶ 楽譜　『さくら・さくらんぼのリズムとうた』 p .132

Point

- 親と子という役割があるリズムです。それぞれ違った動きが楽しめます。
- ちょうのリズムが体得できたら、次に唄を入れると、さらにストーリー性があって楽しめます。

☆親役は保育者が行いましょう。慣れてきたら子どももできます。
☆ピアノは子どもたちが席に戻るまで、後奏を繰り返し弾きましょう。

〜大人〜
① A で立ち、その場でリズムをきざむ。

② B で自由に歩く。ゆったりと優雅に。

③ C で子どもたちを迎えにいく。

〜子ども〜
大人が迎えにきたら両手を大人の手に添える。

④ 大人の手に子どもが両手を添えたら、大人は後ろ向きのまま小走りで後ずさって止まる。子どもが花のポーズをとると、大人は両手を下げて後ろに広げ、子どもの花の蜜を吸うポーズをとる。

〜大人〜
⑤ D で「ちょう」のリズムをする。
(8 拍ずつ手を上に挙げ下げする)

⑥ E ♪うたを♪
子どもたちの所へ戻って来て花の密を吸うポーズをとり、F ですぐに子どもと替わり花になって左右に揺れる。
　立っても座ってもよい。

〜子ども〜
大人と替わり「ちょう」のリズムをする。

⑦ G で大人のところに子どもたちは戻り、大人の左手につながる。

⑧ H で大人を先頭に子どもと手をつないで歩く。先頭の大人と 1 番最後の子どもは、空いた手をちょうの羽をイメージして歩く。自由に歩き、曲が終わるまでに子どもの席の前まで送り届けて終わる。 その際、自然に戻れる様、歩く方向を配慮する。

唄（うとう）

A
p
B
mf
ひが－ひか－－－
るの－ み
おさ－な－き－こ－が う－
たえば
p
ちょう－ちょう
ちょう－ちょう
かく うたえば
C
D
mf
たれがう
と うひ
と－り－な－ら－で
あ
まねき－な－
かにそ

唄

E
F
がうたを
pp
pp
ppp
G
rit
H
mf
ひが-ひが---
るの-み
お
さ-な-き-こ-が
う-
たえば
ちょう-ちょう
ちょう-ちょう
mf
かくうたえ
ば
poco
rit

69. 側転

側転

▶ 対象　5 歳児
▶ 楽譜　『斎藤公子のリズムと歌』p.87

Point

- 瞬間的には片手で身体を支えるので、十分に腕の力がついてから、楽しみたいリズムです。
- 天地がひっくり返る感覚は、子どもにとっては楽しいものです。場所を問わずやりたがります。

☆目安として年長の秋以降に子どもの力を見て取り入れるリズムです。やりたがっても " 待たせる "
ことも、子どもの身体を守る意味では大切です。

ポルスカ

豆知識

「風三郎滝三郎」は秋の運動会に、「ポルスカ」は卒園時によく使う。側転がきれいにできるようになるととても気持ちがよく、子どもたちは庭や道路でも側転をしたがるほどである。側転の応用としては、秋の運動会以降「トンボ」になって走って最後の竿に止まる動作に移る前、側転を１つしてからさっと足を片方後ろに上げ、身体を水平に倒し、竿に止まる動作をする。

これはクラス全員が側転をきれいにできるようになってからすることである。

DVD 第 4 巻「楽しく、しなやかにリズムあそび」23 側転参照

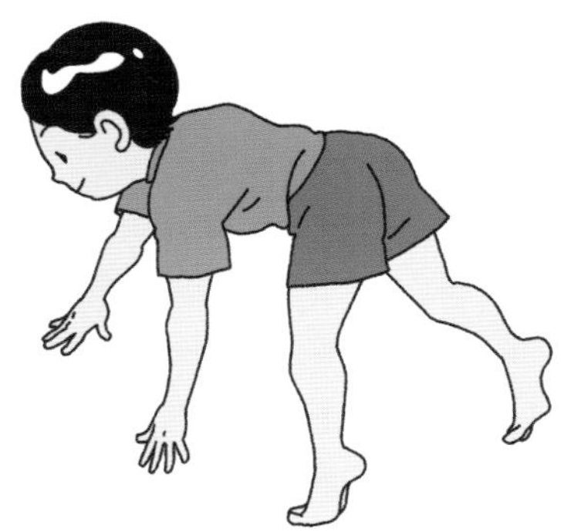

① 手をスッとつける。

② 開脚し、膝をまげずに足をきれいに伸ばす。

③ 着地もふらつかずきれいに着地する。

腕の力が弱い子には、壁を使って壁倒立をしてみるのもよいでしょう。それと同時に、日々の労働である雑巾がけや布団の上げ下ろしも、身体をつくる上で大切な日課といえるでしょう。

70. 海辺でたわむれる子どもたち

▶ 対象　5 歳児
▶ 楽譜　『斎藤公子のリズムと歌』p.92,93

Point

- 側転をする子と波をする子の 2 人組で楽しむリズムです。
- 床に手をつけずに腹筋を使って起き上がってみましょう。
- 波をする時には、おへそをつき出すように座ると胸がつきやすくなります。
- 波をしている子たちの間をぬって側転を行うので、保育者は子どもの間隔に注意しましょう。

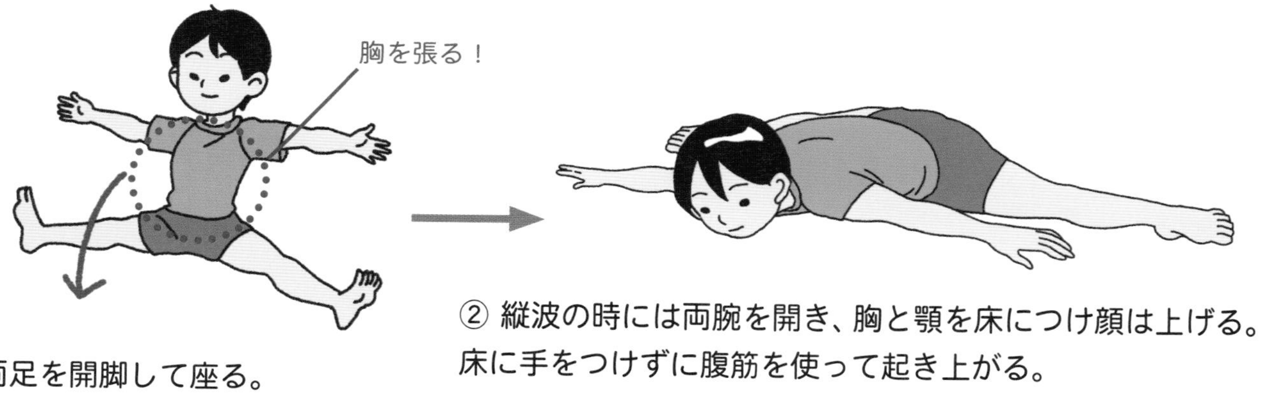

① 両足を開脚して座る。

② 縦波の時には両腕を開き、胸と顎を床につけ顔は上げる。床に手をつけずに腹筋を使って起き上がる。

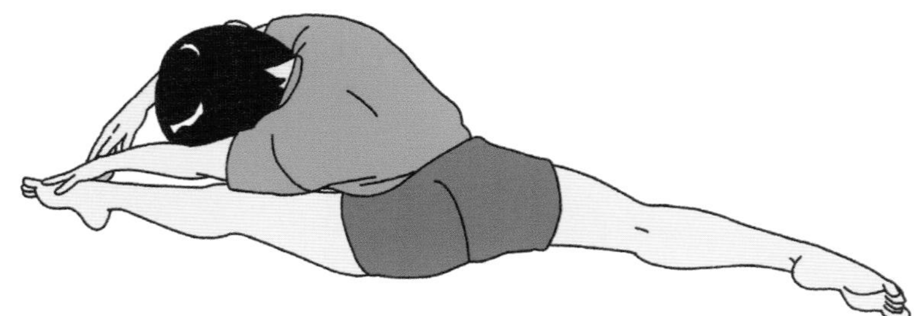

③ 横波の時には、前かがみにならないように耳の横に添うようにして身体を真横にたおす。反対側にたおす時には、真ん中で一度背筋をしっかり伸ばし、天をあおぐようにする。

①Aで2人組になり、向かい合って開脚して座る。Bで前屈Cで戻るを3回繰り返す。

②Dで側転と波のどちらをするか決める。Eで側転をする子は側転をし、波の子はその場で波をする。

③B~Cに戻り
また2人組で前屈を3回繰り返す。

④再びD~Eと役割を交代し側転と波をする。

⑤最後にB~Cに戻り2回前屈をして席に戻る。

海辺でたわむれる子どもたち

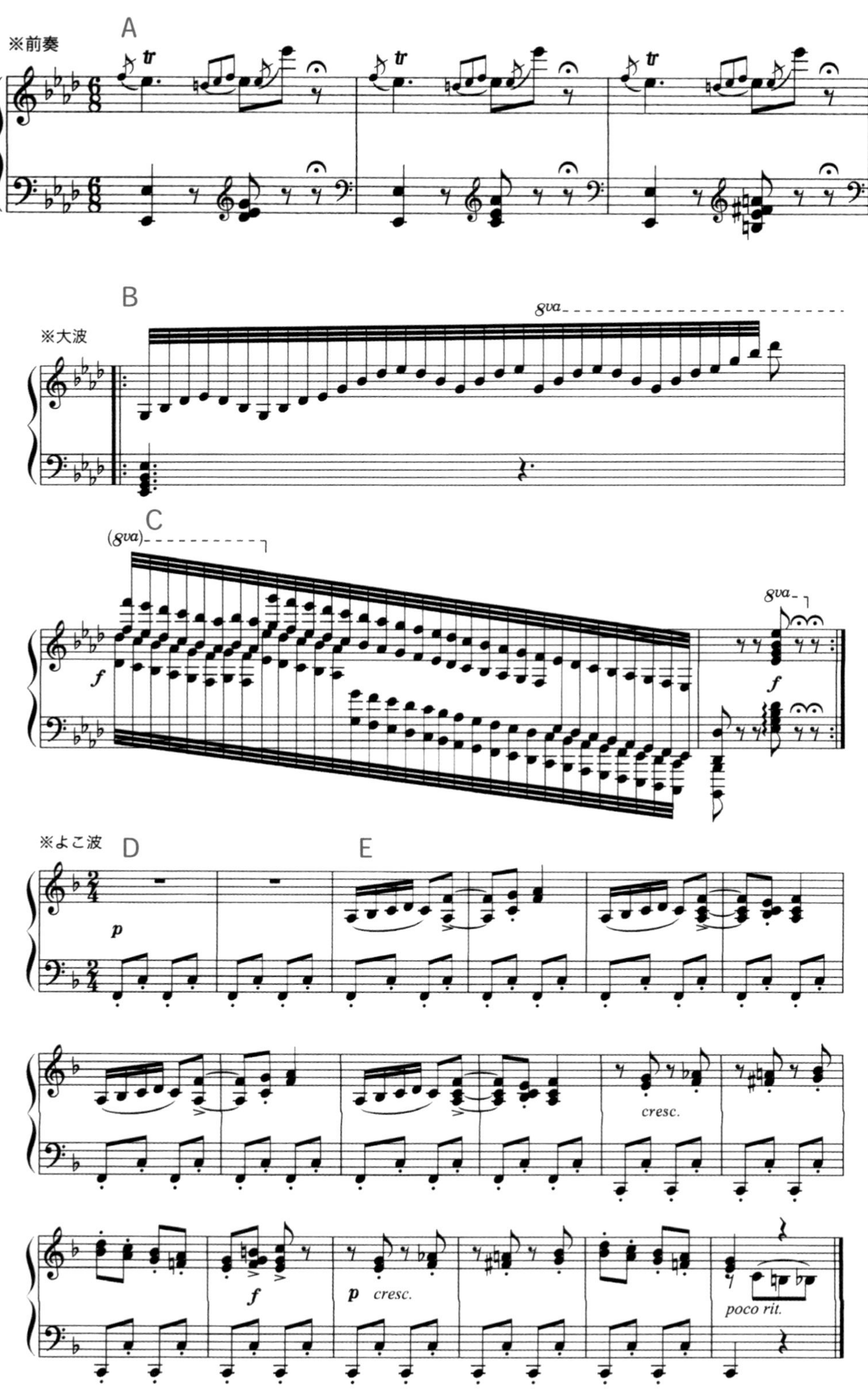

71. 荒馬

▶ 対象　5 歳児

▶ 楽譜　『斎藤公子のリズムと歌』p.97

Point

- けんけんが基本の動きです。片足で全身を支え、4 歩はねます。筋力がないと、持ち堪えられません。

☆子どもの筋力やリズム感がよくわかるリズムです。

☆ピアノは 1 拍目の足の踏み込みに大きくアクセントをつけて、リズミカルに弾きます。

☆きれいに 4 歩はねられるようになってから馬具をつけましょう。

津軽の荒馬

① A 前奏が聞こえてきたら「ハイヨーッ!」という掛け声とともに、一気に駆けて縦のギャロップでホールいっぱい駆けまわる。

② B で 4 歩ずつケンケンで進む。

③ 再び A で縦ギャロップで走り、席にもどる。

豆知識

6 歳になって土ふまずの形成がきちんとできてきた子どもは、4 回続けてのケンケンの左右交替は難しくないが、発達の遅れのある子どもは、1 回ずつのケンケン、つまりスキップであったり、2 回ずつ、あるいは 3 回ずつ、とその発達の度合いにしたがってケンケンをする。利き足だけで続けて 4 回できても正常な発達ではない。

一人ひとりの子どもたちをよく観察し、遅れのある子どもたちはその原因をできるだけ早くさぐり、対策をとることである。

DVD 第 4 巻「楽しく、しなやかにリズムあそび 27 津軽の荒馬」参照 >

[荒馬の作り方]

馬を見に行き、馬の頭の絵を木に描かせ着色を絵具でさせて、糸のこで切り取り、手綱を通す口の部分と、胴体の竹を通す首の下に穴を開け、竹を 2cm 幅位に裂き、しなるようにして針金で縛り、木綿の布地を色とりどり用意し、子どもに好きな色を選ばせる。

並幅 (約 90cm) 一杯使って竹に縫い付けて胴体を作らせ、紅白の木綿地をやはり幅を 6 等分 (15cm ほど) にして三つ編みをして手綱にする。

『さくら・さくらんぼのリズムとうた』p.63~68 参照

豆知識

私が〝荒馬 (津軽の民族舞踊)〟を子どもたちにおしえたいと思ったのは、馬になってかける運動が幼い子どもを楽しくさせるからであり、それをつくる手仕事がおもしろいと思ったからである。子どもたちはなわとびの三つ編みを知っているので、手綱を編むのもたやすいし、雑巾をぬって育ったので、布の胴体を竹の輪にぬいつける仕事も容易。馬の顔を描くのも得意だから、荒馬は自分の手でつくれる。ただ、糸のこで厚い板を切りとることは大人の手助けを必要とする。

この " 荒馬 " を身につけて走る子どもたちの姿を見ていると、七色の祭りの色と紅白の手綱と鈴の音が、伝承されてきたあそびがもっている豊かさを私たちに感じさせてくれる。

『ヒトが人間になる』 p.214 参照

72. 竹踊り

▶ 対象　5歳児

▶ 準備　・大人が握れる太さの竹 10 本以上
(長さ 3~4m) 人数によって本数は変更する。
・太く長い孟宗竹 2 本（長さ 4~5 m）

▶ 楽譜　『斎藤公子のリズムと歌』 p.98

Point

- ベトナムの民族舞踊を取り入れた4拍子の踊り。
- はじめの１歩が竹に入る前にあることを大事にしましょう。
- 踊りが体得できると達成感があります。

☆竹にはさまれるという恐怖感があるので、最初は竹を打たずにやってみるとよいでしょう。
☆踊りがわかるまで、大人と手をつないで踊りましょう。

打ち手

① 孟宗竹（もうそう）（太い）を離して並べて、その上に竹を 10 本置く。大人が５人ずつ向かい合い、竹を持って座る。

竹を打っていくと土台にしている孟宗竹が動いてしまうので、孟宗竹の四隅に雑巾を敷くとよい。

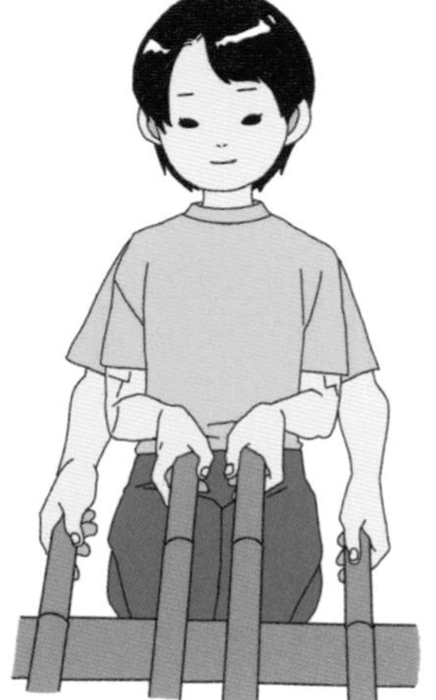

一拍（強）
↓
三拍（弱）

② 最初の一拍を持ち上げて竹同士を打ち合わせて「強」で叩き、残りの三拍は２本の竹を足の幅に広げ、孟宗竹に打ち付け「弱」で叩く。これを繰り返す。

踊り手

③ 最初の 1 拍目は竹に入る前にその場でステップを踏み、2 拍目から開いた竹の間で 2、3、4 と 3 つ跳ぶ。次の 1 拍目で、次の竹の間に進み、2 拍目にさらに次の竹の間に 2.3.4 と 3 つ跳ぶ。これを繰り返し行う。

☆ 2 歩ずつではなく、1 歩と 2.3.4 歩の組み合わせで跳ぶ。

竹踊り

豆知識

現在でもベトナムでは、多くの青少年にこの竹踊りは愛好され、街路で楽しくしなやかに踊っている光景に出会うことがある。

竹踊りは 1970 年頃、ベトナム戦争の最中に、平和友好のため、日本各地で公演していたベトナム民族歌舞団を斎藤公子氏はしばし訪問。「竹踊り」を観ては楽屋を訪れ、さくら・さくらんぼ保育園でのリズム遊びに取り入れ、幾度かの実践と研究を経て確立したものである。

73. かげふみ

▶ 対象　5 歳児

▶ 楽譜　『斎藤公子のリズムと歌』DVD ブック

（動画参照）

Point

- 大自然の中で月の存在は子ども達にわかりやすく、絵本などにもよく出てきます。
- 大きな満月に向かって走りその影を踏むという子どもらしいリズム遊びです。
- ポーズは自分で考えて、人のマネをせずに創作を楽しみます。
- あとから走る子ははじめの子の影になるような位置で、少し違ったポーズをとります。
- 片足立ちのポーズはふらふらするので、避けます。

☆ はじめははずかしがる子もいるので、保育者がモデルとして堂々とやってみるとよいでしょう。

① 2人組をつくる。まず 1 人が、A で走りながら好きなところに行き、自分の好きなポーズで止まる。

② B であとの 1 人が走りながら前の子の後ろで影になるようなポーズをとる。

③ C,D でもう一度繰り返す。

④ 一回目が終わったら、二回目を今度は順番を替えて、同じように行う。

かげふみ
A
まるいつきがでた
B
かげをふめばおに
C
みんなおいでじゃんけん
D
かげふみをしましょう

豆知識

この踊りは、小林宗作氏の考案によるものである。子どもが就学直前ぐらいになると、自分で考えてさまざまなポーズがとれるようになる。一人一人が個性を発揮して自分の創作で変化をつけて踊れることがよい。立ってポーズを作ってもよいし、座ったポーズにしてもよい。優れた舞踊を見る機会があると、創作も自由にできるようになる。

『さくら・さくらんぼのリズムとうた』p.61

第６章　年長のリズム遊び
応用編

作：斎藤公子

第6章　年長リズム　応用編

年長（５歳児）になったこどもたちは、日常の保育や生活で「文化」に触れ、描画・リズム・歌などいろいろな表現で、吸収したことを喚起（かんき）し、我がものにしていきます。

相手の気持ちが分かる年齢になってきたこどもたちは、物語の主人公に自分の気持ちを重ねます。ワクワクドキドキしながら物語の世界に魅了され“くるみ割り人形”のクララに、“森は生きている”のまま娘や女王様に自分の気持ちを重ね表現します。

拍を身体で表現し、ゆっくり優雅に！激しく全速力で！５歳児のこどもたちの躍動感あふれるリズムは、小さいこどもたちの憧れです。スキップ、ギャロップ、ポルカのステップそして、側転。目をキラキラとさせて、力の限りたき火を燃やそうとするその姿に、身体と心の自由を獲得したこどもたちの歓喜の声が聞こえるようです。

①小序曲

▶ 対象　卒園期

▶ 楽譜　曲をイメージしながら楽しく踊る。
「小序曲」　本書 p.144,145

Point

- 物語のイメージをもってリズムをするとより楽しめます。
- 同じ動きを速さの違いで表現しましょう。
- 人形のようにあまり関節を曲げずに踊りましょう。

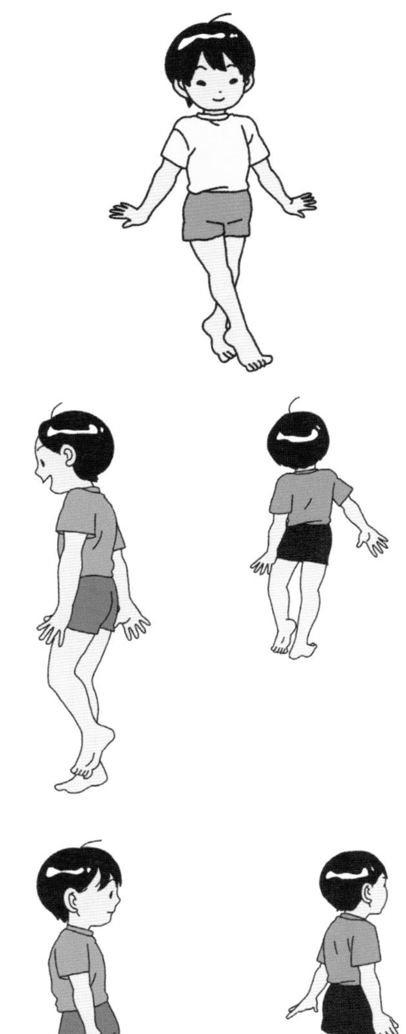

① A ～ B をリズムに合わせて１人ずつ両手を少し横に広げてつま先で自由に歩く。

② C ～ D を同じ姿勢で膝をあまり曲げずに、つま先で小走りする。

③ 再びＡ～Ｂに戻り、また静かに歩く。

Ⅰ. Ouverture Miniature

小序曲

P.I. TSCHAIKOWSKY Op.71a

A Allegro giusto

pp

pp

pp

B C

p

D　ここまで
cresc.
8va
cresc.
dolce cantabile
con grazia

74. くるみ割り人形から

②行進曲

- ▶ 対象　卒園期
- ▶ 楽譜　「行進曲」 本書 p.147

Point

- 「歩く」時の人形の動きから「側転」の躍動的な変化を楽しめるリズムです。
- 歩いている時にしっかりと広がれるようにすると、側転でぶつかることなく安全に行えます。

① A で肘と膝を曲げずに拍を意識して自由に歩く。

② B で自由に側転をする。

③ もう一度①②を繰り返す。

II. Danses Caractéristiques

a) Marche

特徴のある踊り

75. くるみ割り人形から

③トレパーク（ロシアの踊り）

▶ 対象　卒園期

▶ 楽譜　『トレパーク』　本書ｐ.149

Point

- 出だしからリズミカルなリズムです。２人組で息を合わせて踊りましょう。
- 慣れてきたらはじめにどちらの足を出すか相談して、きれいに踊る工夫をする子も出てきます。

① A から前奏なしで２人組で手をつなぎ自由にスキップをする。

② B で向かい合って両手をつなぎ★印で互い違いに片足を前に出し、踵を床に着けつま先を上げる。

☆子どもの様子に合わせて 3~4 回繰り返すと出す足がそろってきて楽しめます。

c) Trépak (Danse Russe)
トレパーク（ロシアの踊り）

75. くるみ割り人形から

④花のワルツ

▶ 対象　卒園期
▶ 楽譜　「花のワルツ」　本書 p.152

Point

- お花を抱えているイメージで、ゆったりとしたワルツを楽しみましょう。
- 音に合わせて、間をしっかりと取ると優雅に踊れます。

～前奏～
前奏がはじまったらその場に立つ。

①Aで 両手を少し横に広げ、3拍子で1歩ずつ自由に歩く。

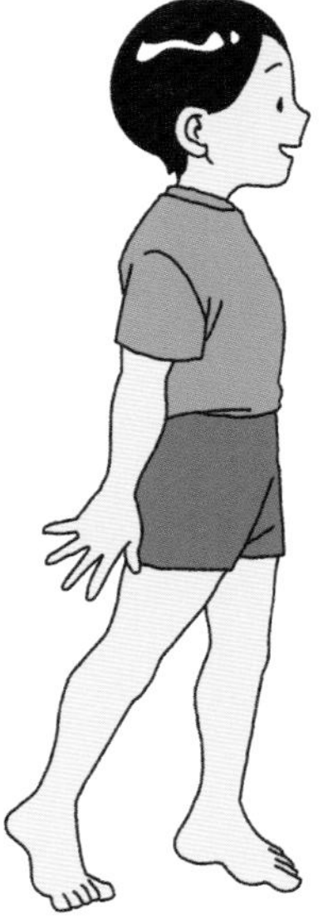

② B で両腕を胸の前にのばして指先を合わせ
★印で好きな方向に 1 回ずつ反対回りをする。

☆目がまわらないために反対回りをするので、無理に教えこまなくてよい。

③ AB を 2 回繰り返し 2 回目の最後 C で
胸をしっかり開き両腕も開いて上に止まる。
目線は空を見上げるように。

④ ①同様

⑤ ②同様

花のワルツ

ここから前奏
31
pp
A
38
dolce cantabile
p
B ★
45
p
★
★
cresc.
A
51
mf
p
58
B ★
p
★
cresc.
64
★
C

75.『森は生きている』から

①一瞬の「いま」を

▶ 対象　卒園期

▶ 楽譜　『さくら・さくらんぼのリズムとうた』 p.221

Point

- マルシャークの「森は生きている」の物語をイメージして踊ってみましょう。3 曲にストーリー性があるので、達成感もあり、子どもたちは大好きなリズムです。
- 物語のはじまりを 2 人組でしっかりと踊りましょう。
- しっかり止まる、しっかり見つめ合うことを大切にしましょう。

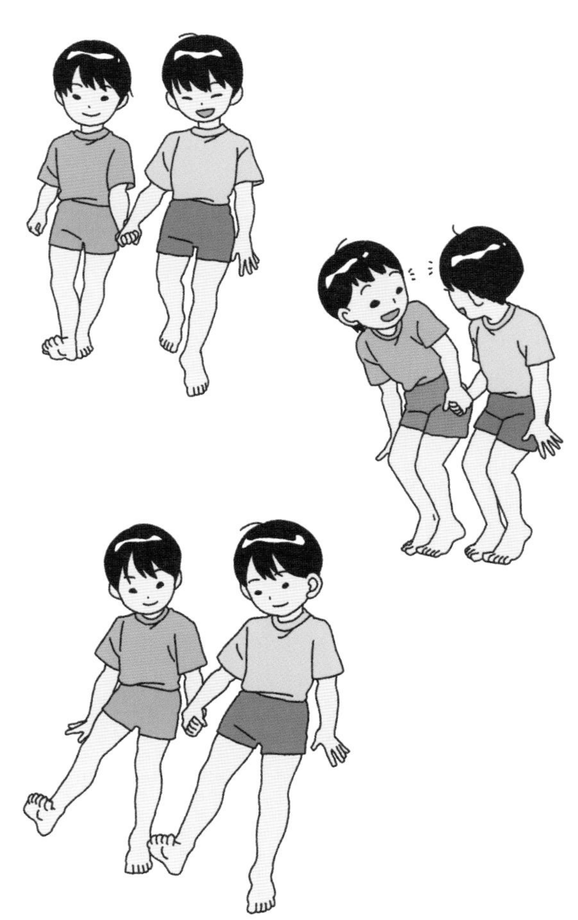

① 前奏がはじまったら 2 人組になって手をつなぐ。

② A でそのままリズムに合わせて自由に歩き★のところで止まって足をそろえ、両膝を軽く曲げて顔を見つめ合う。

③ B で 2 人組で手をつなぎ、リズムに合わせてツーステップをする。

④ C で向かい合って両腕を横に広げて手のひらを軽く握り合う。

⑤ D で片方の手を離し、背中を合わせる。

⑥ E でまた片方の手を離し、向かい合う。

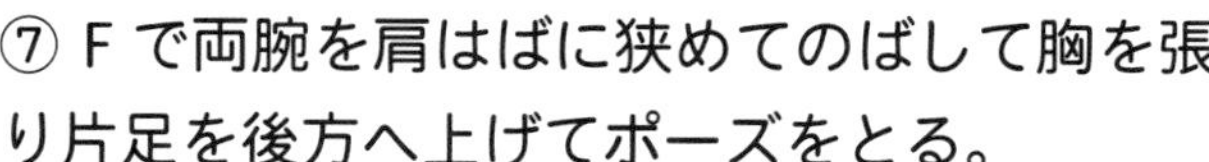

⑦ F で両腕を肩はばに狭めてのばして胸を張り片足を後方へ上げてポーズをとる。

一瞬の「いま」を

A
まつゆきそうが
まつゆきそうを
さいた
おとり
じゅうにのつきの
じゅうにのつきの
おくりもの
まこ
ふゆのなかの
おった「とき」の
しがつは
ながれは
ものみなはるを
すぐにとけて
うたう
はしりだす
B
いっしゅんの「い
ま」を
せんびょうにもいきて
このうれし
さを
C
むねに
D
むねに
E
1
むねにきざも
3
F
う
2.
3
むねにきざも
う

75.『森は生きている』から

②十二月

▶ 対象　卒園期

▶ 楽譜　『さくら・さくらんぼのリズムとうた』 p.217

Point

- 手を回してたきびを燃え上がらせるところが、子どもたちの大好きなリズムです。

☆はげしいリズムなので、複数グループで休める時間をつくる配慮をするとよいでしょう。
☆会場の広さによって人数を配慮し、2人組になるため、偶数にするとよいでしょう。

＜1番＞

① 前奏がはじまったらその場に立ち、A のところからリズムに合わせて自由に スキップをする。(1～3番共通)

② B で2人組になり右手同士をつなぎ、左手は斜め上に挙げてスキップで回る。

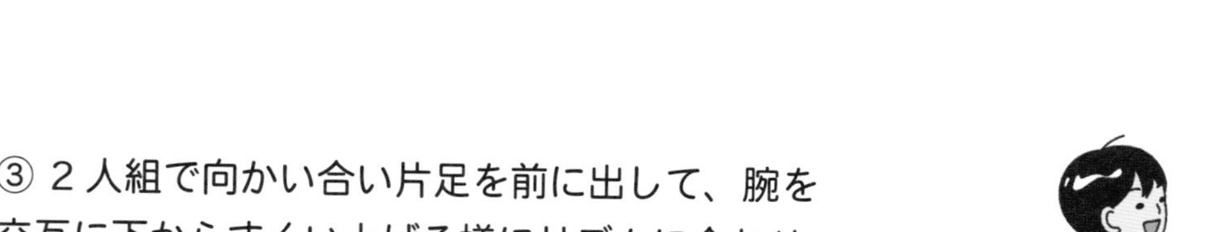

③ 2人組で向かい合い片足を前に出して、腕を交互に下からすくい上げる様にリズムに合わせて回す。
★印のところからは回す。
(膝を屈伸させながら活き活きと)

☆十二月の精がたき火を燃え上がらせるイメージ。

＜2番＞
④ A は①と同様に行う。

⑤ B で2人組で向かい合って両腕を横に広げて軽く手をつなぎ自由にリズムに合わせて横ギャロップをする。

⑥ 関奏部分をくり返す。

＜3番＞
⑦ A は①と同様に行う。

⑧♪はたけじゃこむぎが♪で
全員が集まって手をつなぎ、大きな輪になり、B で全員で そのまま横ギャロップでリズムに合わせて右側に回る。

⑨ 手を離し自由に E でスキップをして広がる。F で側転をして G で好きなポーズをとりしっかり止まる。

十二月の歌

C
1.2.
どんどん
もえろ
f
3
どんどん
もえろ
E
mf もえろ
もえろ
あかるく
もえろ
きえないように
f どんどん
もえろ

③そり

▶ 対象　卒園期

▶ 楽譜　「森へ向かうそりの歌」
本書 p.162,163

Point

- 手をつながずに列になってソリをイメージしてリズムをします。

☆三番までの曲なので、3 グループを基準に（人数が多ければ 6 グループ･9 グループ…とする）グループを組むとよいでしょう。

☆ 1グループ 6 人 ~8 人くらいがやりやすいです。

＜1 番＞

① 前奏で右手側を向いて列になり、両手を胸の前で軽く握って立つ。A と同時に両手は手綱をたぐる様に回しながら、前の人につらなって「縦のギャロップ」で全速力で走る。

② B でそのまま「横ギャロップ」をする。

③ C でも連なったまま今後は静かに「歩く」。

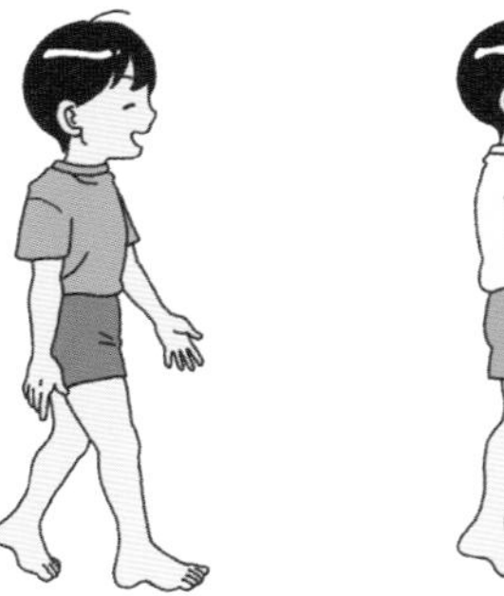

④ D でつらなりながら、両手を後方に伸ばして、勢いよく走る。

⑤ E で列を離れて、それぞれが好きな方向に走り、★で 3 回かもしか跳びをして席へ戻る。

＜2 番＞
2 番目のグループが同じようにリズムをする。

＜3 番＞
3 番目のグループも 1 番・2 番を同じようにリズムをして、最後の◎で参加者全員が出て、一斉に北をさす。

☆北の方向に星をかざると、子どもたちもわかりやすい。

☆北をさすの姿勢は立っても、膝をついてもかまわない。

森へ向かうそりの歌

♩=132~144
C7
F
A
F C7 F A7 Dm
C7 F
B
F C7 F
C
A7 Dm A7 Dm C7 F
C7 F C7 F E7 A
D
B♭ F B♭ F G
C7 F C7 C7 F

E
F7
B♭
★
F
★
F7
あっというまにうしろのほうへとんで とんで
からだもそりからとびだしそうにゆみに ゆみに
★ だいちをゆくふねのへさきはきたを きたを
C7
1.2
F
26
とんでゆく
ゆみになる
(1,2のあとの間奏)
◎
F
3
きたをさす

③そり

第７章　親子で楽しむリズム遊び

作：斎藤公子

親子で楽しむリズム遊びについて

親子のふれあい

親子のふれあいはとても大切です。 お母さんと子ども。お父さんと子ども。おじいちゃんと子ども。おばあちゃんと子ども。子どもはその時のにおいをわすれません。そのあたたかさもわすれないでしょう。記憶として薄れても、何か本当に迷ったとき、思い出します。それはからだがおぼえているからです。抱っこされた記憶も消し去ることはできません。だから泣いている小さい子どもを見たら、自然に抱っこします。何も考えずに態度や行動として。幼い頃にしてもらった経験を無意識のうちにやっているのです。

子どものころのことでからだがおぼえている感覚が、今の「私の元」になっています。意識されない行動として、なぜそうしたのか？なぜそれを選んだか？説明できない何かがあります。何に価値を求め、何がいいのか、理屈や損得や正しいとか間違っているなどの知識は、「私の元」の上に重ねて記憶されていくのです。それは言葉では言い表せない感覚で、それが子ども時代の感覚ではないでしょうか。

子ども時代の感覚は潜在意識としてからだが記憶します。からだが記憶する、というのは正しくないかもしれません。やはり脳のどこかが記憶しているのでしょう。大脳辺縁系といわれる部位かもしれません。(海馬や海馬傍回…？)

「感性と理性」

感性と理性の話を斎藤先生から聞いたことがあります。1人の人間を殺したら罪になるのに、多くの人を殺したら英雄になる、という話でした。戦争で手柄を立てる人は、敵国の人をたくさん殺すこと。

しかしここには大きな矛盾があります。「エノラ・ゲイ」という言葉をきいたことがありますか？もし、興味があったら調べてみてください。「エノラ・ゲイ」に関わることについては大変興味深いです。

「笑う」について

重い癲癇（てんかん）のある10ヶ月の赤ちゃんが入園してきたとき、首は座っていましたが、発作のためその赤ちゃんはいつも眉間に皺をよせて不機嫌な表情で、辛そうでした。この子にしてあげられることは何だろう…。金魚運動だけでなく何かないだろうか…？

この不機嫌な表情を何とか変えたいと思い、笑わせてみることにしました。くすぐったり、歌をうたったり、とにかくどうしたら、笑うのだろう…。お父さんにも、家でこの子を笑わせてほしい、1日1回は笑わせてほしいとお願いをしました。笑わせることに苦心しました。しかし、毎日笑わせるためのあれやこれやをやっていると成果が出て、笑顔がでるようになってきました。

笑顔の次は「声を出して笑う」を課題にしました。この子が笑い始めると、まわりにいた子ども達が「M君が笑った」と言って寄ってくるようになりました。声をあげて笑うようになると、何で笑うのかがよくわかるようになり、それは保育者だけでなく、他の子ども達の関心事でもあったのです。M君が笑うと他の子も笑い、するとM君も、他の子どものことを見るようになったのです。

その頃、沖縄で斎藤公子先生と小泉英明先生の講演会がありました。『脳は出会いで育つ』という本の出版講演会で、質問時間に、私は「M君の経歴を話し、笑いにどんな意味があるのか？」について小泉先生に聞いてみました。その時の答えは「脳の髄鞘化（ずいしょうか）のことですね」と言われました。何のことか、さっぱりわからなかったのですが、脳の図や脳の部位の名前に興味を持つようになりました。

76. おひざでストン・ぱんこね・引き起こし

(1) おひざでストン

▶ 対象　１～３歳児と親

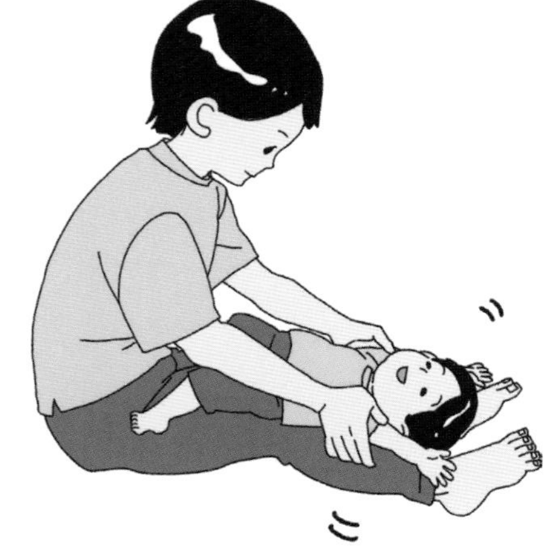

① 子どものおへその裏（命門）が大人の膝に来るように寝かせる。子どもの脇や肘をなでて余分な力を抜く。

② 子どもの頭はまっすぐ前を向ける。大人は子ども太ももを持ちながら膝を高く曲げる。

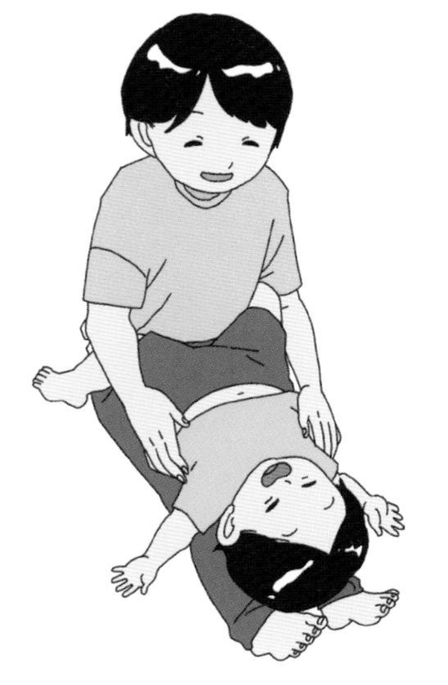

③ 急にストンと降ろす。

ぱんこね体操

▶ 対象　1歳児～と親

♪ぱんこね　ぱんこね　キュッ　キュッ　キュッ
○○ちゃんのぱんこねキュッ　キュッ　キュッ♪
と歌いながら、子どもの膝を胸につけキュッ　キュッ　と押す。背骨が柔らかい子はよく丸まる。硬い子は膝が胸の方までいかないが、毎日やることで背骨が柔らかくなる。
　まっすぐ押したら、斜めにも押してみよう。腰は柔らかい方がいい。

引き起こし

▶ 対象　1歳児～と親　(1歳児は身体が小さいので寝たままでやる)

① 子どもの足を挟んで、腕をぶらぶらさせ、軽く引き起こす。強く引かないで軽く引き、後頭部がマットについているくらいでよい。コツがいるので研修会や親子リズムで教えてもらうとよい。
② 慣れないと子どもが自分で顔（頭）を上げてきてしまうが、やり方がわかれば、ひっぱってもらうまで頭を落としている。
③ この遊びは首・肩の疲れをとり、顎(あご)の変形を治す。(181 参照)

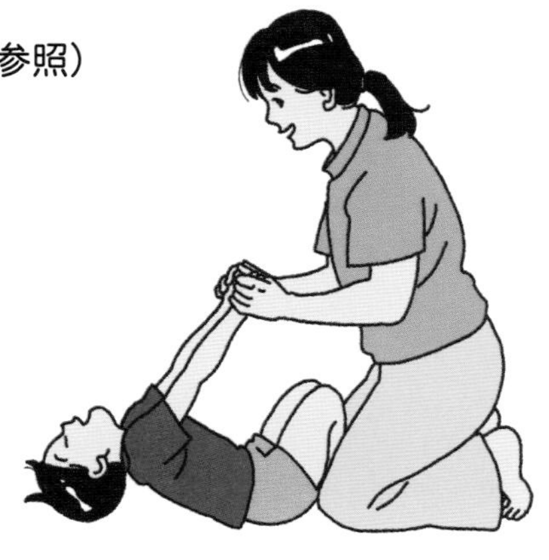

77. でんぐり返り

- ▶ 対象　２歳児～
- ▶ 楽譜　なし

Point

- 子どもが何度でもやりたがる遊びです。
- 手と手を離さないようにします。
- しっかりと指をにぎりましょう。

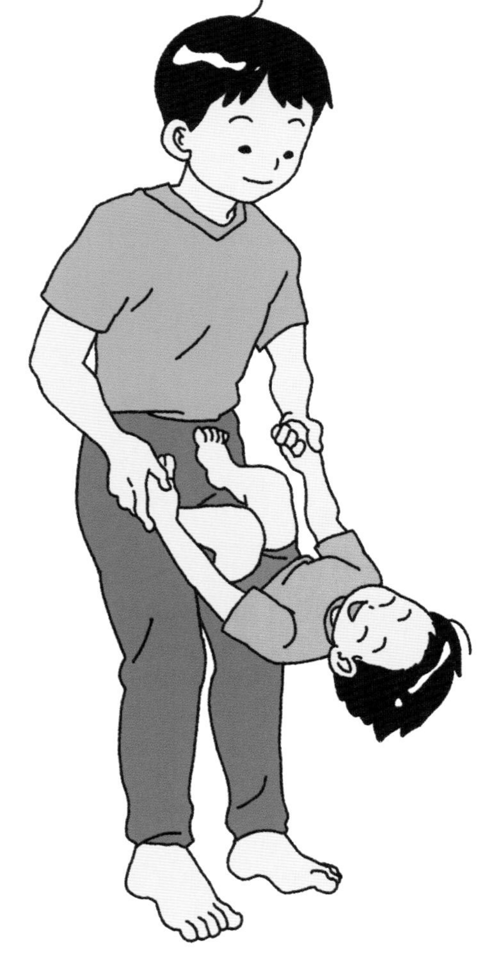

① 大人の手を握らせ、逆上がりの要領で くるりんと回る。小さい子や難しい子には、大人が少し膝を曲げてあげて、子どもがよじ登り、グルンと回るといい。

78. おみこし わっしょい

▶ 対象　1～3歳児
▶ 楽譜　なし

Point

☆「おみこしわっしょい」は日頃からやっているとても喜ぶが、やっていないと、嫌がります。本来、子どもはこうした柔らかい背骨です。

① 子どものお腹を支え持って、肩にヒョイッと担ぎお神輿（みこし）を担いで歩くように上下に揺らしながら歩く。

☆赤ちゃんが キャッキャッと喜ぶとき発達すると言われるが、0歳児の後期には特にリズミカルな揺さぶり運動を好む。

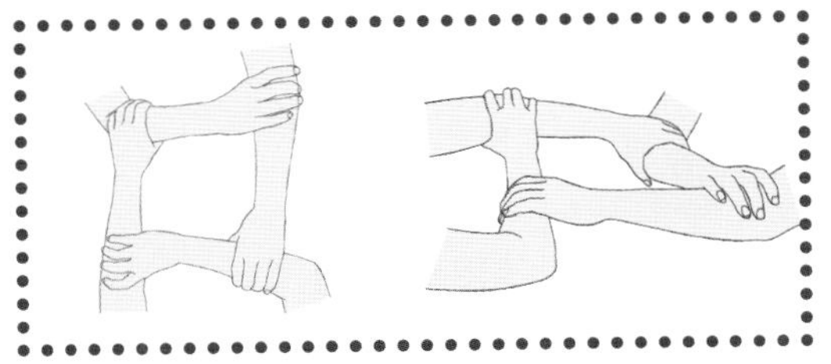

腕の組み方

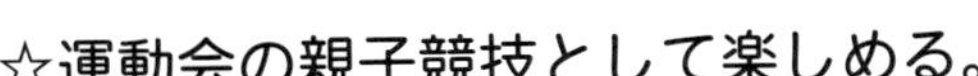

☆運動会の親子競技として楽しめる。
お父さんとお母さんとで組むより、背の高さが同じくらいの人で、2人おみこしを作ると子どもは乗りやすい。

79. タオル ぶらんこ

- ▶ 対象　０歳児後半〜
- ▶ 準備　バスタオルやタオルケット
- ▶ 楽譜　『斎藤公子のリズムと歌』p.112,113

Point

☆ 揺れる事が大好きな子どもたちはキャッキャと笑います。
☆ 子どもがこうした揺れを怖がる時はタオルを床に敷いて、その上に子どもを仰向け、またはうつ伏せに寝かせてゆっくりタオルをひいてタオルそりをします。
☆ 揺れることを極端に怖がる子どもは、その後も継続してぶらんこ、タオルそりを毎日のようにやる。慣れること。
☆ 安全のため、下に布団など柔らかいものを敷いたり、床から高すぎない位置で行います。

☆足を持つときは足首を握らず、足の甲を持つ。

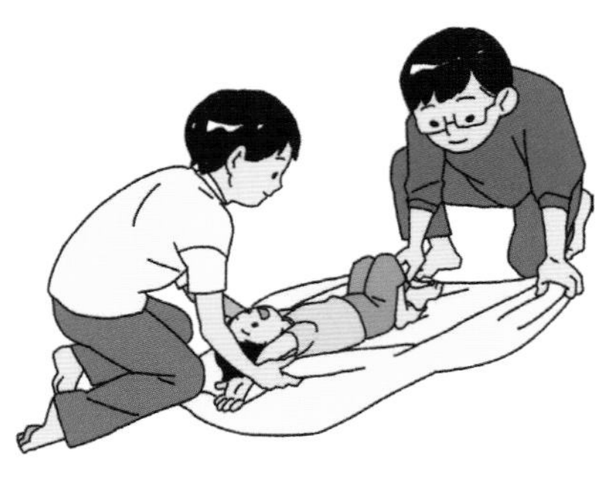

① バスタオルを床に敷いて子どもがそこに寝る。大人２人でバスタオルをハンモックのように持ち、歌に合わせて揺らす。

② 赤ちゃんの時はやさしく揺らす。
③ バスタオルにのれない子ども３歳以上は、手、足をもってもらい同じように揺れる。

ぶらんこ

80. 鯉の滝登り

▶ 対象　4 歳児〜
▶ 楽譜　『斎藤公子のリズムと歌』p.114

鯉の滝登り

① 最初に子どもを乗せるお父さん１人。

② 大人が２列に並び、背の高さが同じくらいの人同士が向かいあって手をつなぎ長い滝をつくる。

③ 最後に子どもを受け取るお父さんが１人。

④ 最初のお父さんはつないだ腕の上に子どもを乗せる。

⑤ 子どもは必ず手を伸ばす。伸ばさないと大人の腕の隙間から落ちてしまうので注意する。

⑥ ♫コイの滝のぼり〜♫ とみんなで大声で歌いながら大人の腕を上下させ，子どもを送る。

⑦ 正面にいるお父さんが子どもの手をつかんだら最後列のお父さんは子どもを空中にぽーんと跳ね上げる。

鯉の滝登り

第８章　赤ちゃんの育て方とリズム遊び

作：斎藤公子

海　リズム　いのちの波　三木成夫のこれらの言葉は、この本を読むと、遠い遠い億単位の時間と結びつき、いつの間にか感動している私がいる。

『胎児の世界』人類の生命記憶　三木成夫著（中公新書）

妊娠に気づき、その後の十月十日（とつきとおか）（実際は約９ヶ月間くらい）を赤ちゃんがどのように育っていくのか、私たちはあまり知らない。しかし、この『胎児の世界』を読むと、胎児が生命30億年をどのように進化して人類のバトンを受け継いだのか、克明に書かれている。

ことに妊娠初期の悪阻（つわり）が始まる頃にお腹の中の赤ちゃんに何が起きているのか…？を知ることができる。母は悪阻が重かろうと軽かろうと、赤ちゃんが無事に産まれてきてくれることを願って、赤ちゃんに話かけながら対面できる日を待ちわび、人類誕生のこの奇跡を経験することになる。もちろんこの地球上に存在した人は全て、かつては胎児の時代があった。胎児として立派に成長し、この世に生を受け、どの人も皆、30億年の生命記憶を携えている。からだが記憶している。

斎藤公子先生が「両生類のような這い這い」と名付けた運動は、海から陸をめざし人類へと進化した魚たちの移動方法である。この這い這い運動は赤ちゃんから老人に至るまで必要な運動であり、脱力・呼吸・緊張を最も効率よく繰り返す運動である。

赤ちゃんの発達の順序

赤ちゃんは独立二足歩行するまでに、進化の過程を移動行動の中に秘めています。 その順序をしっかりと踏んで成長することが望ましく、早くできることが決していいことではありません。

生後 1ヶ月半からの保育を斎藤公子は世界に先駆けて確立しています。障がいの早期発見 早期治療、それは日々の保育の中で毎日取り組むことで自然治癒するのです。治すのは医師ではなく家族と保育者であり、子どもを育てるには多くの人の援助が必要です。

脳の研究が進み、子どもの知的発達についても斎藤公子の指摘は的を得ていました。乳幼児期は脳幹や大脳辺縁系をしっかり使う生活をすることが、その後の脳の発達にもよく、それは身体の発達に順序があるように脳の発達にも順序があるのです。

乳幼児期は五感への心地よい刺激と、五感をフル活用できる生活。

それには「自然」が必要です。土と水と太陽。そして乳幼児期はインプットより、アウトプットする方が脳がよく育ちます。小さい子どもでも発信します。目で指で足で。身体全体で発信しています。それは身近にいる大人に共感してほしい、うなずいてほしい、一緒に見てほしい、という子どもからのメッセージではないでしょうか。探求心、探索心のかたまりのような時期にじっと座る、待たせるのではなく、人間は「動物」、動く存在であること。そして満足するまで、しっかり動くことで落ち着きやじっと見ることができるようになっていきます。

斎藤公子の子育ての考え方は時代を越えています。それは「科学としての保育」という捉え方と、子どもに対する情熱との両方を持ち合わせていたからです。

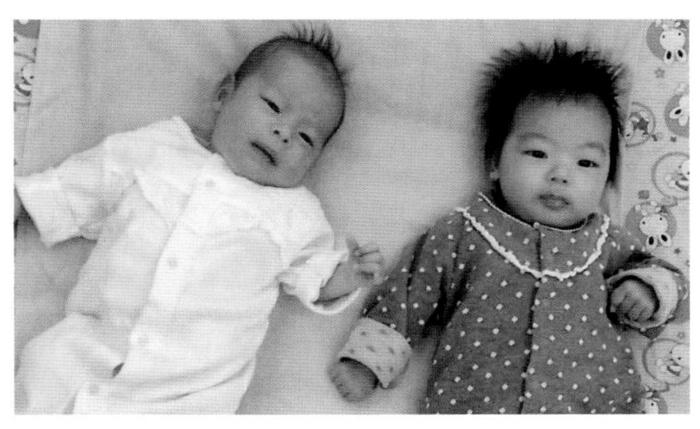

赤ちゃん体操をやるにあたっての留意点

・0歳の赤ちゃんが保育園や認定こども園に入園すると、もっとも大切なことは保護者との信頼関係です。園での赤ちゃんの生活の内容を知ってもらうと同時に家ではどんなふうに過ごしているのか、また家族関係や家族の赤ちゃんへの対応についてなど、赤ちゃんはまだ教えてくれないので健康状態も含め、保護者との連絡や意思疎通は欠かせません。

・斎藤公子の保育を知ってもらうことや、その理解を仰ぐとともに、赤ちゃんの育ちを共有し、保育者と父母が遠慮なく話し合えるような関係を作っていきましょう。

・赤ちゃんの体操はすべてにわたって熟練が必要なので、赤ちゃんのロールマットや膝でんぐりを斎藤先生はやっていましたが、今回この本では紹介していません。

◇赤ちゃんの発達にはタイプと個性があります。ゆっくりと次の段階に移行する子と、要領よく早く移行する子、その子どもの発達のタイプをよく見極め、保育者は焦ることなくやるべきことをやることが必要です。保育者は赤ちゃんの育つ個性をよく観察しましょう。

◇もし赤ちゃんが早く（生後９・１０ヶ月頃）に歩いてしまったら、たとえば布団をたくさん重ねてふわふわデコボコや斜面などを意識的に作り、そういう場所では歩行を獲得した赤ちゃんでも、ハイハイするようになるので環境設定をします。そうすることで平らな床では歩いていても、不安定なところではしっかりハイハイをするようになります。そして、からだのバランスやすばやい体重移動を獲得させたいです。

◇人間はもともと、左右対称にはできていません。左右差があるのが当たり前です。しかし極端になると、身体が変形したり、動きにくくなります。左右差について説明してきましたが、右側ばかりをやる時期があり、その後左側をやる、というタイプの子もいます。両方をそれほど差がなくやる子もいます。大切なことは金魚運動などでしっかりゆるめることです。

◇四つ這いへの移行期に片足は四つ這い、もう一方の足は高這いのようなハイハイの赤ちゃんがいます。こういう場合は長い距離を這うことでスムーズな四つ這いができるようになります。赤ちゃんがしっかりハイハイできるスペースを確保したい。こういう時期の赤ちゃんはとても楽しそうにハイハイするので、どんな型であれ、楽しくめざす方向をおもちゃで誘い、意欲を促す保育が求められる。量をやることでより動きやすいハイハイのやり方を自分から獲得していきます。

◇赤ちゃん自身に負担がかかるもの、たとえば、どんぐりや両生類ハイハイなどを介助してやるときは赤ちゃんが元気なときはいいですが、体調を崩しているときにはやらない方がよいでしょう。また介助してやるのなら、毎日継続して取り組むことが必要です。

子育ての妙

子育てに関わる大人（父母・祖父母・保育者・養育者など）は子どもを常に「ふたつの眼」で観てほしいと考えています。子どもは常に「今」を生きています。過去もこれからの予定も近い将来も考えず、「今、この瞬間」を生きています。大人の思い通りにいかないのが子どもです。そして次々に起きる大人からすると、困った行動。出かけようと思ったら、ウンチが出る。服を着替えたら、さっそく転ぶ。水溜まりを見つけたら、必ずじゃぶじゃぶ入る。などなど…。

思い通りにならないたくさんのできごとに一喜一憂です。その一喜一憂の中にこそ、子どもの成長の芽が潜んでいます。子どもの行動に「困った困った」という眼と、昨日とは違う、またはいつもと違う子どもの様子を観察する眼の両方が必要です。

そして発達保障、発達心理学の専門家、京都大学の名誉教授・田中昌人は、「子どもの要求に常に100%応えなくてもよい。プロ野球の選手でも3割打てば充分通用するから、子どものさまざまな要求にも3割くらい。」と講演会で話されていました。

赤ちゃんの育つ順序　（　　　）内の月齢は目安。

片手を見る（2・5ヶ月）⇒　首がすわる（3ヶ月）⇒ うつ伏せ姿勢 ⇒ 回旋（4ヶ月）⇒ 手支持（5ヶ月）⇒
足を持って遊ぶ（4・5ヶ月）⇒　バックハイハイ（6ヶ月）⇒ 寝返り（6・7ヶ月）⇒
前進ずり這い（8ヶ月）⇒ 四つ這い姿勢でロッキング（10ヶ月）⇒ 四つ這い（10ヶ月）⇒
座位の獲得（10ヶ月）⇒ つかまり立ち（11ヶ月）⇒　伝い歩き（12ヶ月）⇒ 高這い（12ヶ月）⇒
つかまらないで立つ（1歳1ヶ月）⇒ 1歩が出る（1歳2ヶ月）⇒　四つ這い・高這い・歩行（1歳3ヶ月〜）

生後２ヶ月　片手を見る

生後４ヶ月　手支持の姿勢

生後５ヶ月　足を持って遊ぶ

生後６ヶ月　腹這い姿勢

背筋を使って足さきを持ち上げている。

生後８ヶ月　お兄ちゃんのゾウリを持って遊ぶ

生後９ヶ月

四つ這いから高這いへの移行期

高這いの格好はするが四つ這いで移動

生後 10 ヶ月　両生類ハイハイ

81. 目交(まなかい)抱っこ・原始反射

▶ 対象　生後すぐ

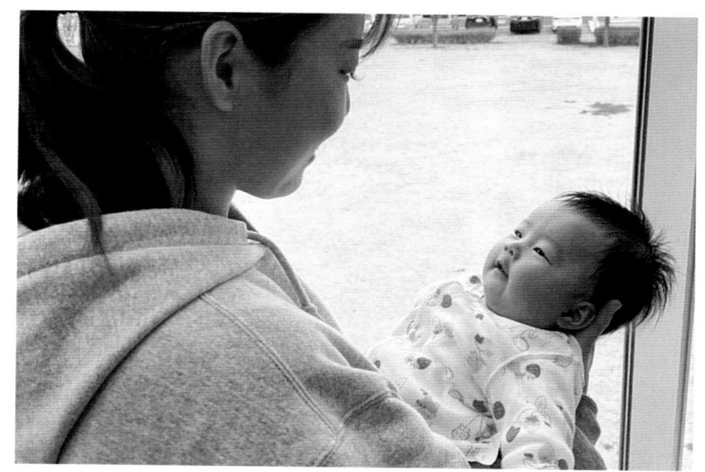

Point

☆ 目が合いにくい赤ちゃんも目交を根気よく続けるうちに、ほとんどの赤ちゃんは目が合うようになっていきます。赤ちゃんは産まれてから重力に慣れていないため、身体をよじって泣いたりするので力を抜かせた抱っこを繰り返すうちに、左右の肩が柔らかくなり、眠りに落ちます。
☆ 産まれてすぐから横抱きをすると、その抱かれ方に慣れてしまいます。赤ちゃんを真正面にして目をあわせる「まなかい抱っこ」をしましょう。
☆ お父さんの方が手が大きいので赤ちゃんが安心して身を任せてくれます。お父さんの出番は生まれてすぐからあります。
☆ おへその裏は背骨の中でも「命門(めいもん)」というツボで赤ちゃんがお母さんの産道を通るときに、この「命門」を中心にねじって産まれてきます。背骨のＳ字カーブはこの命門の柔らかさであり、重い脳を振動から守り、支えています。また背骨が柔らかい子は姿勢がよく、腰痛などになりにくいでしょう。

① 生後２ヶ月頃までは脚は開かせず、カエル股のままで、この「まなかい抱っこ」をする。赤ちゃんの顔を正面に、右手は赤ちゃんの首の後ろを支え、左手はおへその裏側（命門）に当ててしっかりと安定させる。左手は背骨がゆるやかなＳ字になるように、時々上下にゆったりと動かしながら 目を合わせる。

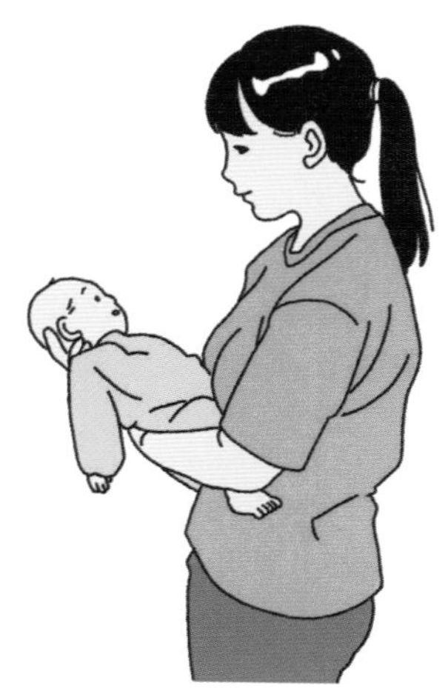

② 腕が疲れたら左右を変える。また左利きの人は利き手で首と頭を支える。

③ やさしく名前を呼び掛けたり、歌を歌いながら、ゆったりと背骨を揺らし脱力させる。産まれてすぐの赤ちゃんでも、目と目が合うとニコッと微笑み、心地よいリズムの繰り返しのなかで力が抜けてくると、肩から腕がすとんと落ちるようになる。そうするとそのまま布団におろしてもぐっすり眠る。

④ 生後２ヶ月を過ぎ身体が大きくなってきたら、赤ちゃんの股関節をしっかり開きお母さんのお腹にまきつけるようにする。

⑤ この「まなかい抱っこ」ができるのは首がすわる生後３ヵ月ころまで。首がすわると赤ちゃん自身が力強くなり、起き上がってきてしまう。

赤ちゃんの原始反射について

原始反射とは赤ちゃんが生き残るため、また成長していくために必要とされる動きで、脳幹によってコントロールされます。反射とは、本人が意識しているわけではなく、無意識に起こる特定の筋肉などが動く現象です。

赤ちゃんの把握反射について

把握反射はサルが樹上生活をしていた時代のなごりと言われ、木の枝をつかんで離さない、樹上生活に必要な反射です。胎生期後期から見られ、生後３か月頃から弱くなり、４～６か月頃には消失されるものです。したがって、生後６か月くらいまで赤ちゃんにおもちゃなどを握らせないようにします。しかし生後６か月以前、把握反射が消失される前に、赤ちゃんにおもちゃなど握れるようなサイズのものを渡すとぎゅーっと握って離さず、大きく振って、喜ぶ姿が見られます。しかしこれを続けることによって、サルの時代の把握反射が消失しないで残ってしまう赤ちゃんがいます。

個人差はありますが、握りが強いので鉄棒などを握る力が強く、なかなか離さず、ぶら下がったりします。しかし、その後手指のコントロールが苦手でわしづかみのような動かし方になりやすく、つかんだり離したり、やさしく握ったり…という指先のコントロールが難しくなります。おもちゃを持たせるのは生後６ヶ月以降を目安にしましょう。

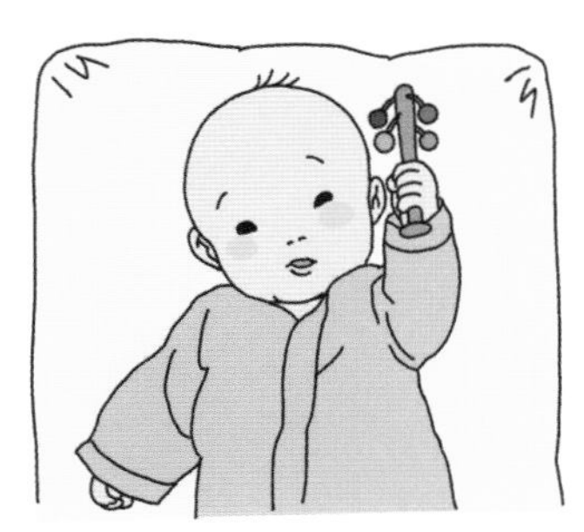

82. 赤ちゃんマッサージ

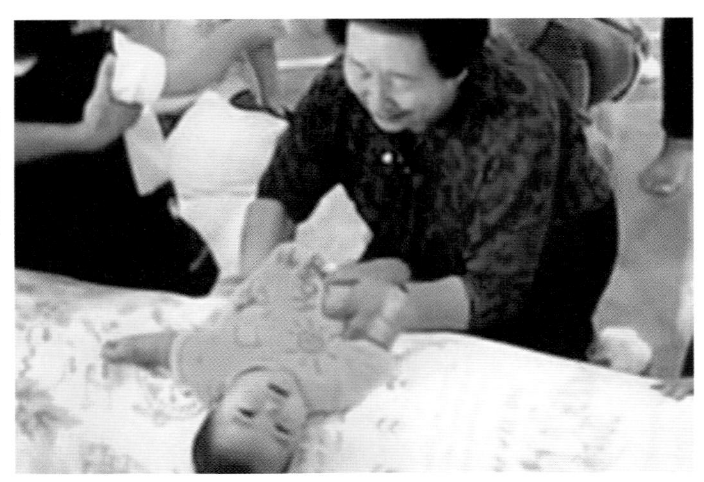

▶ 対象　生後すぐ

Point

- 赤ちゃんの肌にさわる時、お母さんは（お父さんも）指輪を外しましょう。斎藤公子先生は「茶道の先生は高価な茶碗をさわるので必ず指輪などの貴金属をはずします。赤ちゃんも同じですよ」と言われました。
  ※ 保育者は指輪をしません。

赤ちゃんの皮膚マッサージ

① 子守歌やお母さんの好きな歌を口ずさみながら、赤ちゃんの身体や顔や頭や全身をやさしく、なでさする。赤ちゃんに無償の愛をもって可愛い！と感じるままにさわる。そういう皮膚接触は愛着形成を促す。皮膚へのこうした刺激は脳の体性感覚野に刺激を与え、信頼感や愛着を増す。母乳や添い寝、おんぶなどもよい。

②　赤ちゃんの身体中をふれていると、「ここをさわると嫌がる」感じを見つけたことはないだろうか？赤ちゃん自身の皮膚の表面、もちろん頭皮や髪の毛も、やさしくさわっているのに、「ここだけはイヤ！さわらないで」といわんばかりに泣く場所がある。（もちろん、ない子もいる）

③ 嫌がるからさわらないのではなく、嫌がらないふれ方を模索してほしい。赤ちゃんは弱さを抱えて産まれてきている。小さな発見がこれからの赤ちゃんの育ちをよくしていく窓口になるかもしれない。

関節の可動域を広げるためのマッサージ

♪赤ちゃん指コロコロピン！

① 足裏の土踏まずをやさしく押す。

② 足首から膝に向かってギュッギュッと圧を少し加えて握る。

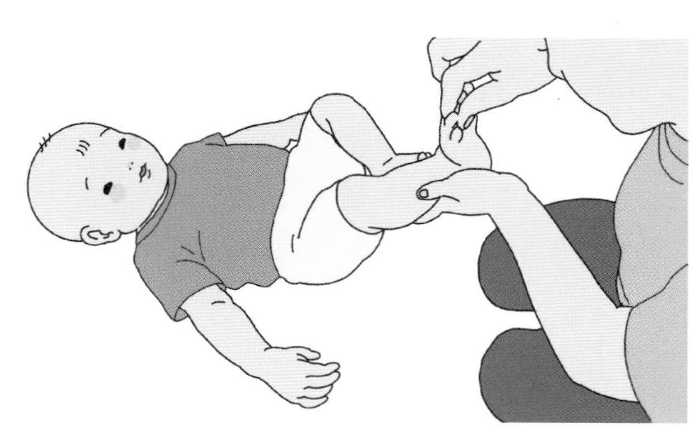

③ 赤ちゃんの足の小指をやさしくやさしく持って、ころころでゆらゆらさせ、ピンでつまんではなす。
♪あかちゃんゆーびーコロコロピン♪
♪おねえさんゆーびーコロコロピン♪
♪おにいさんゆーびーコロコロピン♪
同様におかあさん・おとうさんまで

④ 足首をゆらゆら、踵をもってゆらゆらする。
☆赤ちゃんの手の指、足の指は小指側からひらくので必ず小指から順にやります。(注 1) 手の指も小指から順にコロコロピン！をやってもよいでしょう。わらべうたを歌いながらの手遊びはとてもいいものです。赤ちゃんの末端（手の先、足の先）からの刺激は必要です。手の開きや足指関節が柔らかいとハイハイがうまくいきます。

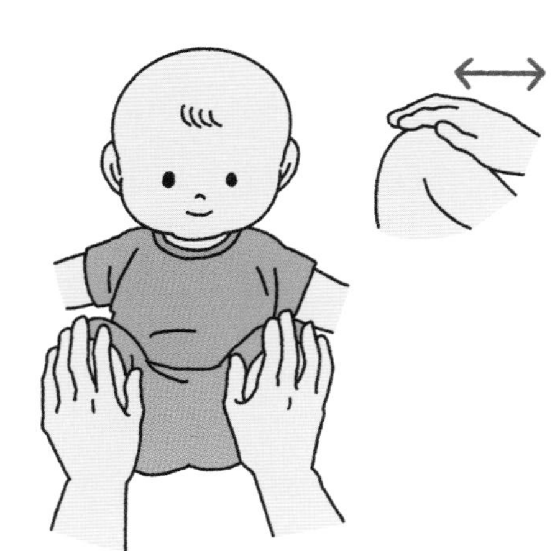

膝と股関節をほぐす

膝頭を持って、赤ちゃんの膝をゆらゆら揺らし、お腹の方へ曲げる。そのまま股関節を回す。反対側もやる。膝頭を持つときに力を入れすぎずにやります。膝の曲げ伸ばし。

皮膚や肩関節をほぐす、さする

肩や腕は両手で上下に挟むようにほぐす。肘も曲げ伸ばし。 腹、胸だけでなく、肩や腕、さらに手首近くまでほぐす。皮膚のざらつきも観察する。

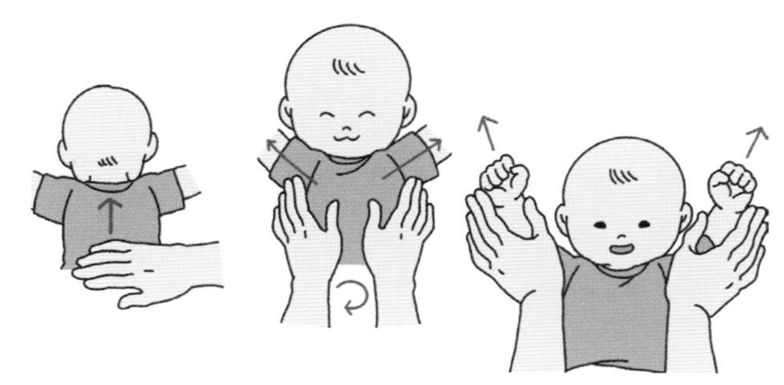

☆ スリングなどで赤ちゃんを横抱きにすると片方の股関節を母の身体に押し付けるので赤ちゃんの股関節の動きが悪くなります。同じ向きにいつも横抱きにしていることも同様です。向きを変えても抱き方そのものが赤ちゃんの股関節を狭くさせることになるので抱き方は注意が必要です。
☆ ときどき、赤ちゃんを抱っこしても赤ちゃんが手や身体を動かしてお母さんの身体をさわるのでそれが耐えられなくいやです、というお母さんに出会います。赤ちゃんは可愛いと感じているのですが…。お母さん自身に皮膚過敏、またはおかあさん自身が赤ちゃんだったころの何か心因性ものがあるのかもしれません。
☆ またあるお母さんは私自身が虐待を受けて育ちました、と。そういうお母さん自身の成長期の悩みを抱えて母親になっているお母さんがいます。それは決してその人自身の責任ではありません。理解してもらえる人に応援してもらいましょう。最大の理解者になってくれるのはパートナーである夫ですが…。そういうことを話せる保育園や子ども園を探して乳児期からの入園をお勧めします。

(注１)
☆ 橈側と尺側　橈側は親指の側　尺側は小指側のことを言います。赤ちゃんの指の発達は尺側から開きます。

お口マッサージ

☆小児歯科などの専門医との連携ができるようにしたい。

● 生後２ヶ月からの赤ちゃんの口の周りのちょんちょんちょんとさわる。それが「快」であると赤ちゃんは笑う。
● 赤ちゃんの口の唇と歯茎の間をやさしくさわる。上あごの口腔前庭へのやさしい刺激。下あごも同様にする。
● このお口マッサージは口の中に異物が入ることに慣れるため、歯が生えてきてからの歯ブラシなどの抵抗感が薄れる。また、離乳食の食べ方がよくなったり、活舌がよくなったり、よだれが減ったりする事例がある。
● ダウン症の子は筋肉がやわらかいため、言葉がはっきりしないことが多いが、お口マッサージで改善した事例もある。
● 噛み合わせと姿勢は関係が深い。姿勢が悪いと噛み合わせも悪くなる。永久歯が生えてから、噛み合わせの相談をするより、乳歯の時期から歯の噛み合わせや歯並びについての予防歯科がふえてきている。

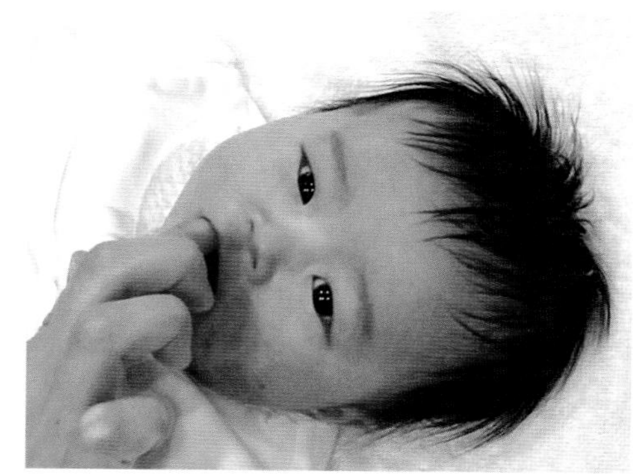
赤ちゃんの上唇と歯茎の間（口腔前庭）に母の指をいれてやさしくマッサージ

タッチケア

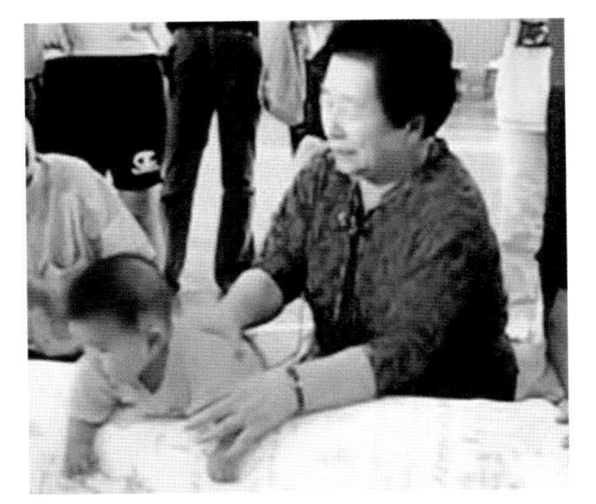

帝王切開で産まれた赤ちゃんについて、産道を通るときの赤ちゃんへの皮膚刺激がないため、生まれてから、赤ちゃんの皮膚をよくさわってあげてほしい。もちろんお母さんは指輪をはずして。気持ちを込めてふれることは、ただ何となくさわるのとは違う。

さわられるとき、手から相手の心がよく伝わる。手のひらに想いを込めることが「タッチケア」であり、赤ちゃんへの愛おしい気持ちを手に込めてほしいと思う。

斎藤先生の手はいつも暖かく、手からでるオーラは想像以上であった。

斜頸

☆生まれつき斜頸の赤ちゃんは首が少し傾いています。こういう子の首をまっすぐにしたくなるのですが、そうすると、斜頸がひどくなります。傾いている方にゆるめてあげると、自分からまっすぐになる方向へ傾けてきます。しばらくして、斜頸は治っていました。

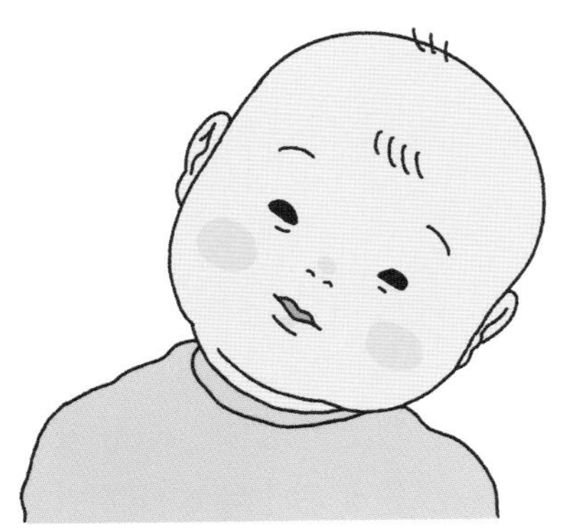

☆基本的には
① ゆるめる。
② ゆるめてからなってほしい方向に曲げることでよくなります。

下あごの歪み

☆生まれつき、下あごがゆがんでいる赤ちゃんがいます。金魚運動やぱんこね体操をすることでかなり改善されることがわかっています。首がしっかり座ってから、丁寧に引き起こし（P167 参照）をすることで、下あごのゆがみが改善されることがあります。やり方のコツがあるので熟練の方から学ぶことをおすすめします。

83. 追視遊び

▶ 対象　生後３ヵ月～

▶ 準備　木のおもちゃ　赤色、音が出るもの

Point

・赤ちゃんを横抱きにしていると、左右差の強い子に育つので気を付けましょう。
・指しゃぶりの癖が強く、同じ側の指しかしゃぶらない子は肘をいつも曲げているので時々は伸ばし、肩、肩甲骨などをゆるめてあげましょう。

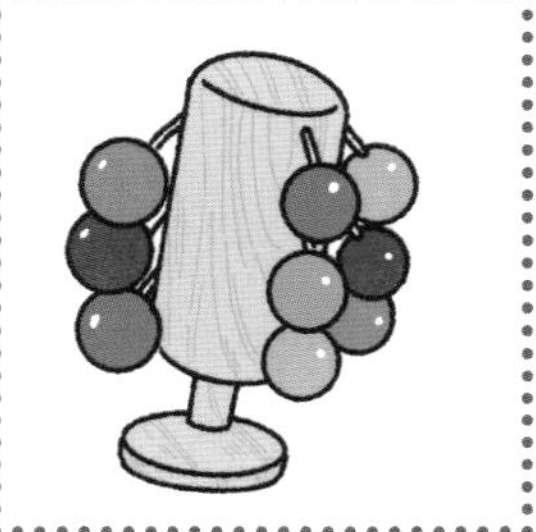

追視遊びのやり方

① 生後３ヵ月ころから

仰向けで赤ちゃんの顔の真上 20㎝～ 30㎝くらいのところで音が出る赤色のついた木のおもちゃを振る。

・赤ちゃんの目の上方にゆっくり振って、赤ちゃんがおもちゃが見える位置を探す。
・目で追ってきたら左右にゆっくり動かす。
・上下もやってみる。なかなか追視してこなくても音に反応する子もいる。
・音のする方、赤いものが見える方向を見る、顔を向ける。
・なかなか、見てくれなくても毎日やっていると、だんだん見るようになる。得意な方向と苦手な方向がある。苦手な方向もやっているうちにだんだんと見るようになる。

② 生後５・６ヶ月ころ

・うつ伏せで遊ぶようになったら、写真の赤ちゃん（生後６ヶ月）のようにやってみるとよい。
・おへそを中心に回旋する時期なので目で追ったら、手が出る。
・この回旋を左右同じようにできることが大切。身体の左右差が少ない子に育つ。
・この赤ちゃんの場合は、右側への追視が弱く、とぎれていたが、家で追視遊びをすると、よく見て、手も出て回旋するようになった。
・寝返りも左右差はあるが、苦手な方向に誘ったり、どんぐりの体操をしたりすると左右差の少ない子に育つ。
・同じ方の指しゃぶりをしている赤ちゃんは指しゃぶりをする方の肘を曲げる癖がついているので、肘の曲げ伸ばしが硬くなる。硬い方の肘をゆらゆらしたり、曲げ伸ばしを数回やってあげることで柔らかくなる。

豆知識　奇跡的な回復を遂げた脳障害児

イギリスの BBC が製作したビデオがあります。このビデオ制作はある BBC のプロデューサーが私どもの脳科学研究に興味をいだいて突然ロンドンから日立基礎研究所まで電話をくださったことがきっかけです。…中略…

映像に出てくるトスカという名のオランダのお子さんは誕生の時に胎盤が首に巻き付いて生まれてきて誕生直後心肺停止の状態でしたが、何とか蘇生し、生き延びました。このトスカさんのケースでは大脳半球の深部に上行性、下行性の神経が通る内包（前脚と後脚）という部分がありますが、この部分のほとんどが溶けて欠落していました。

通常の治療だと植物状態を免れません。というのも、こういう患者さんはアテトーゼという、緊張が取れずに身体が突っ張った状態になり苦しいので、その緊張状態を除去するために筋弛緩剤を投与する。その結果、植物状態に近くなるのを避けられないというのが治療の常識なのです。

ところが、このトスカさんは植物状態に近い状態から今はもうなり変わってきて、支えてあげると、水泳の時のような手足の動かし方をしたり、それからまた、声を出し始めて歌を真似したりするという状態まで回復してきました。 信じられないような事例ということになります。まだ十分に解明されたわけではありませんが反射機能を呼び起こし、それらの統合がなされるように運動補助を行うのです。これらはさくら・さくらんぼ保育研究所の斎藤公子所長によってなされました。

このような奇跡的な回復がなぜ可能になったか従来の脳神経医学では解明できませんでしたが、光トポラフィーで測定することによってその機構が明らかになってきたのです。

正常のケースでは例えば手のひらをさすってあげれば体性感覚野が活動する。左手をさすってあげれば右の脳の体性感覚野が活動する。このトスカさんの場合は手をさすってあげると体性感覚野が活動するのではなく前頭葉が活動しました。解剖学的にみると、大脳皮質と脳幹や脊髄を連絡する投射繊維の主要な部分は内包の前脚と後脚を通過しますが、別の経路を通過して大脳皮質に連絡する、もう少し細い投射繊維もあります。その神経経路が動いていて脊髄や脳幹と前頭葉をつなぐ神経回路が次第に形成されていったとみることができます。

トスカさんの場合、どうしてこういう現象が起きたかというと、非常に幼くて頭がまだ柔らかい時期には、神経回路網の形成に大きな可塑性があるからです。言い換えれば知覚野が形成されている段階の、脳が非常に柔らかい状態はどんどん変化し得る、いろいろな可能性を秘めている時期でもあります。脳は遺伝子でがんじがらめに決められてしまっているのではなくて、いろいろな可能性を包含しています。特に生後直後から三歳あたりまでの時期はその潜在力を非常に広げやすい時期であり、トスカさんのような重篤な脳障害の患者さんでも、植物状態から脱して、かなり良好な状態、場合によっては生活に差し支えない状態まで回復して行く可能性があるということです。

小泉英明：著『脳は出会いで育つ』
「脳科学と教育」入門　より

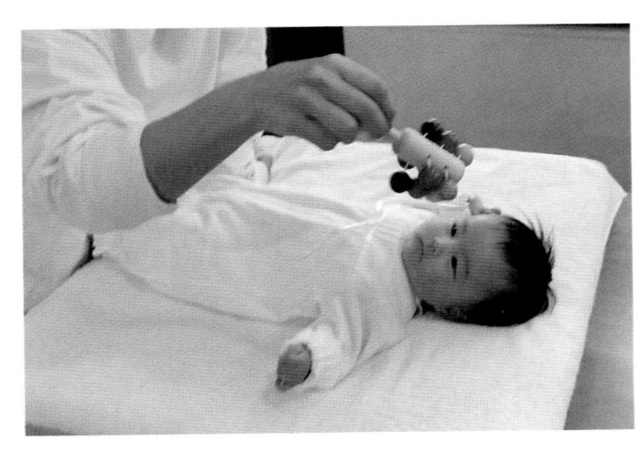

84. 金魚

（まなかい抱っこがうまくできない時は
仰向けに寝かせてやさしくお腹をゆらゆら）

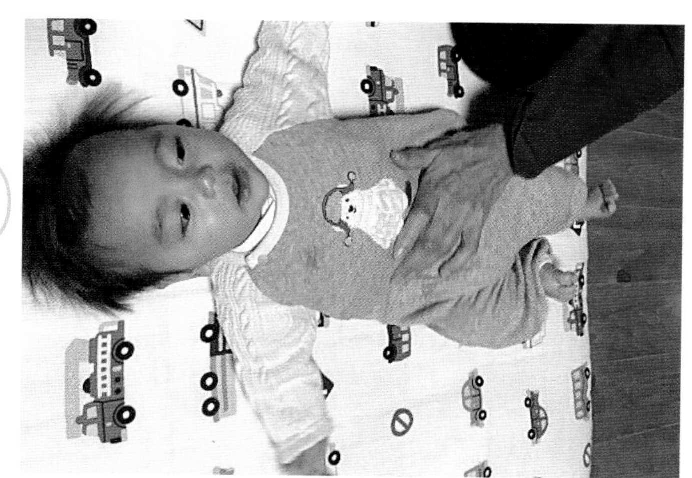

▶ 対象　生後１ヶ月～

▶ 楽譜　『斎藤公子のリズムと歌』p.41
本書 p.16 参照

Point

- うつ伏せ（伏臥位）で膝から足先をピンとあげてしまう子がいます。
- 足先が下がって床についていないと、ハイハイはできません。
- うつ伏せにして根気よく金魚をすると足が下がってきて回旋するようになります。

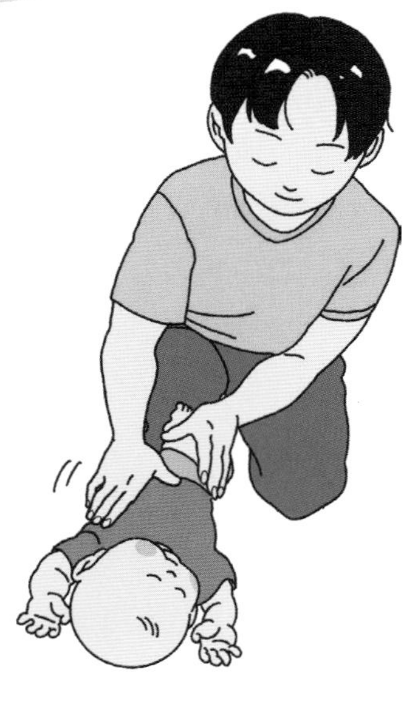

① 生後３ヵ月を過ぎ、首がすわるとまなかい抱っこができなくなるので 仰向け（仰臥位）でお腹に手を当てて、ゆらゆらと背骨を動かしてみましょう。

② 首がすわったら、うつ伏せ（伏臥位）にしてみましょう。脇の下にバスタオルを３つ折りにし、硬めにまいたものを置くと、脚が下がり、顔を上げてくるのでおへその裏（命門）の手をあて金魚をします。泣き始めたら、仰向けに戻して休憩します。

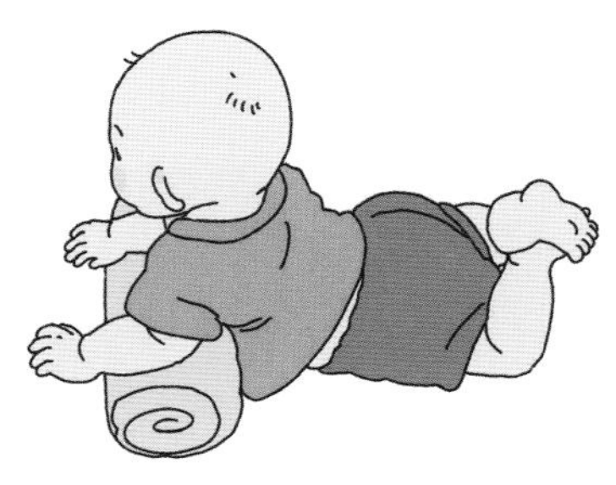

左：生後４ヶ月でこんなふうに足が上がっているとハイハイしない。

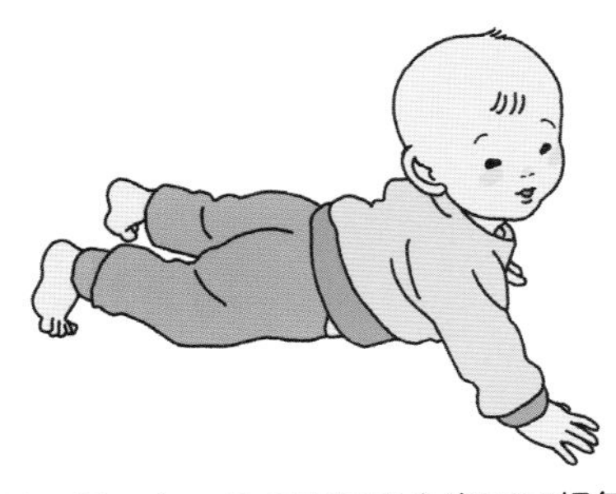

右：７ヶ月の頃、おへその裏に手を当てて根気よく金魚をしたら、足が下がってきて、床を蹴る足になっていく。

豆知識

1. トスカへの保育

・斎藤先生がなされた、オランダの赤ちゃん、トスカへの保育の検証をすべきだと考えています。

リズム遊び一金魚運動を中心にした保育実践が癲癇（てんかん）発作だけでなく最重度の障がいをもつ赤ちゃんに対してどうだったのか?トスカの成長の様子は斎藤先生から伺っていました。そしてトスカへの斎藤先生の姿は献身的なもので全身全霊をかけた保育そのものでした。

・金魚運動で目が合わない赤ちゃんの目が合うようになる。すなわち見えるようになる。

・金魚運動をすることで、足の土踏まずが形成される。

2. 近年増加している発達障がいの子どもへの対応

◇ 保育が難しい多動傾向の子どもについて、多動の理由にはいろいろあると思いますが、目が使えていないので耳で聞いているような素振りがよく見られます。明るい光が差し込むところへ小走りに走っていって空（くう）を見るようなしぐさをします。

◇ 子どもによっては過敏さがあり、味覚過敏は偏食と思われたり、聴覚過敏、視覚（光）過敏、触覚過敏、気温や湿度過敏などなど。これらが複数重複していたりします。こうした普通の人には予測が難しいものに脅かされて生活している子ども達が「自閉症スペクトラム　発達障がい」というくくりにされています。

◇ 0 歳の這い這いの頃の赤ちゃんでも自閉的傾向があるかどうかはわかります。目が合っているのか合っていないのかよくわからない。人見知りがない。人よりおもちゃが好き。やたらと長泣きをする。などなど。

◇ かつて自閉症の子どもへの「抱っこ法」がありました。抱っこされるのを嫌がる子を抱きとめる、なぜお母さんに抱っこされるより走り回ってばかりいるの?という意図から、抱っこ法は一定の効果（スキンシップとして）があったと思われます。今、保育現場で行われているのは、走り回る子どもを担任保育士が抱っこする、という関わりが中心です。子どもの部屋の構造化に取り組んでいるところもあるでしょう。

3. 金魚運動への取り組み

・“ 金魚 ” のリズム遊びそのものは緊張をとり、弛めるということが目的です。心地いい、「快」の状態になるのですが、やり方によって様々な影響力があることは確かです。多動の子どもにとっては 20 分間をじっとさせられることへの抵抗が強いということと、背骨から脳幹への揺れが受け入れられない。初めの 10 分くらいはあばれ、泣きわめく状態になる子は、後の 10 分くらいで落ち着く時間とまた泣くという波が交互に現れます。深く息をはいたり、咳をしたり、何か考えこんだりするような目になったり…とタイプがあります。同じような多動傾向があっても全く心地よく 20 分間をじっと気持ちよさそうに金魚をさせてくれる子もいます。1 日 4 回の金魚運動は効果があるかどうかは 2 週間くらいの継続が必要です。

・「目が合う」とはいったいどういうことなのでしょう。その子どもの脳の中で何が起きているのか、脳科学が進んできた現在、科学的な解明を待ちたいものです。

85. 手支持のための体操

▶ 対象　生後６ヵ月～
▶ 準備　マットまたは敷布団
▶ 楽譜　童謡 「森のかじや」
『さくら・さくらんぼのリズムとうた』
p.191

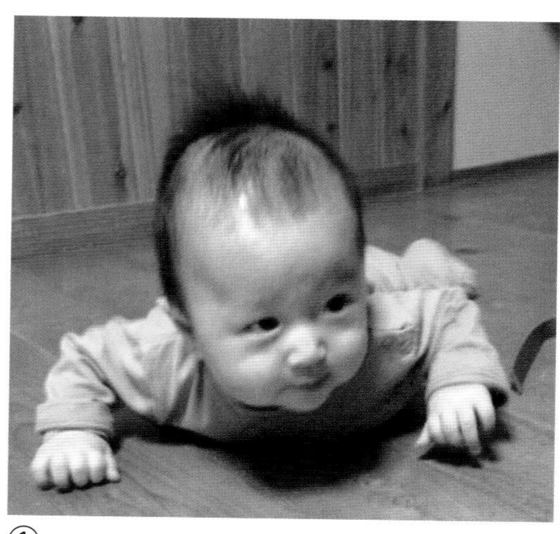

①

生後５ヶ月頃の赤ちゃん

写真①の姿勢から写真②の姿勢に瞬時にかわる。これを何度も繰り返す。「手支持」は写真②の肘を立てる姿勢のことを言う。気づくとこの赤ちゃんはどんどん後ろにさがっていた。(バックハイハイ)

・手支持の姿勢は肘をたてる、すなわち腕の、押す力がある、ということ。腕は押す力と引く力の両方が必要で、引く力は「反射」に現れることが多い。押す力と引く力のバランスが大事。
・押す力が四つ這い、高這いの元になる。
・ハイハイしないで１歳前に歩行する子どもの中に、ずり這いからつかまり立ちをして、伝い歩き、歩行という順で育つ子がいる。四つ這いをしないで歩行する子は転んだ時に手が出ないので顔を打つ。それだけではなく、噛む力も弱く、食事時間が長い、嚥下や飲み込みが悪い。四つ這いによる上半身の力が育ちにくいため姿勢の悪さなど、様々なところに影響が出る。

②

森のかじや

・生後 10 ヶ月で歩いた子と 14 ヶ月（1 歳 2 ヶ月）で歩いた子を比較した時、歩行が遅い子は、歩行までの 4 ヶ月間はひたすら、ハイハイをする時期にあたる。この乳児期のハイハイに費やすこの期間の必要性はその子どもが 2 歳を過ぎる頃、やっと私たちにもわかるようになってくる。
・ただ、歩くのが遅いという子もいる。今は赤ちゃんが安心して這いまわれる場所が家庭の中になく、つかまり立ちしやすい環境であるため、保育園で乳児保育に力を入れている保育園でなければこの 4 ヶ月間は、意味ある 4 ヶ月にならない。

赤ちゃんの発達の順序

首がすわる ⇒ うつ伏せ姿勢 ⇒ 回旋 ⇒ 手支持 ⇒ バックハイハイ ⇒ 寝返り (足を持って遊ぶ) ⇒ 前進ずりはい ⇒ 四つ這い ⇒ お座り ⇒ つかまり立ち（伝い歩き）⇒ 高ばい ⇒ つかまらないで立つ ⇒ 一歩が出る

手支持の姿勢を促すために
パラシュート反射を使った体操

手支持のための体操　やり方

赤ちゃんの脇を介助者が持って、赤ちゃんの手のひらが開くように床にポンポンと落とす。その時首がグラグラと動かないようにやる。
この体操は手支持の姿勢を取らなかったり、ずり這いを長くやっていて、なかなか四つ這いの姿勢に移行しない子にとっては必要である。

この体操をやって泣く子は腕の力が弱く、腕の力が強い子は笑う。

「森のかじや」の曲を歌いながら行う。

86. どんぐり

▶ 対象　生後６ヵ月〜
▶ 楽譜　『斎藤公子のリズムと歌』p.45
♪どんぐりどんぐりこーろころ♪と
歌いながらやる

① 赤ちゃんを仰向きに寝かせ赤ちゃんの膝頭を持ち、胸の方に曲げる。

② 膝頭をもう片方の脚の方へひねる。ねじったら元に戻す。

・生後 6 ヶ月頃までは、①②の動きを交互にやる。

・6.7 ヶ月を過ぎたら③の動きもやる。これは腰をひねる動き。

・この頃になると途中までひねると、自分から上体を起こして、寝返る子もいる。

・右側も左側もやる。4 往復くらいやるとよい。

・寝返りの前に両足を自分の手でもつ動作をします。(p.175　生後5ヵ月足をもって遊ぶ写真参照)この動作を獲得してから寝返りをすることが大切です。

・胎児期は丸まる姿勢でお母さんのお腹にいました。出産後、手足を伸び伸びします。大の字になって眠ります。そして首がすわってから、丸くなる姿勢をします。すなわち手が下に降りていき、足を持ち上げる。そして手で足をつかみます。足をつかんだまま、左右に角度を変えて遊びます。こうした遊びを赤ちゃんはその時期、飽きることなくやります。

・赤ちゃんの動作の変遷（丸まる 伸ばす 丸まる ひねって寝返る）これで自らひっくり返りました。そしてうつ伏せでの移動が積極的に始まります。

生後3.4カ月で寝返りをしてしまう赤ちゃんについて

・仰向きの姿勢がいやでエビのように反りたくなって寝返ってしまいます。

・首のすわりと同じくらいの時期に寝返る赤ちゃんは重力に耐え切れず、縦抱きにすると泣き止みます。

・身体の緊張が強いのでリラックスできるように金魚運動をしましょう。はじめは泣き続けますが、根気よく金魚運動をすることで改善されます。

・そして足を持つ遊びが始まったら、自分から寝返るのを待ちます。

☆腰をひねって寝返りをします。

☆うつ伏せから仰向けの「寝返り返り」もやりますが、赤ちゃんはこの寝返りの体操をやると、やりはじめの頃はよく泣きますが、毎日この体操をやると泣かなくなります。もし、毎日やっているのに、赤ちゃんが泣くとしたらやり方の工夫をしましょう。

☆赤ちゃんの膝を持ち上げるときの介助者の力が強すぎたりすると嫌がって泣くので、介助者自身が力を抜く。やり方を工夫して、楽しく、より赤ちゃんにとって負担のないやり方するように心がけましょう。

☆体側をひねる動きは、コーナリングの動きにつながります。右にも左にも瞬時に体重移動ができ、縄跳びで右回り左回りをするとき、どうしても苦手方向がありますが、この動きを赤ちゃんの頃からやると左右同じように身体をくねるようになります。

☆まなかい抱っこで腕が肩からストンと落ちて脱力ができるように育てると、どんぐりの動きもしなやかで、左右差がより少ない子に育ち、利き手利き足が両利きになりやすい。

☆おへその裏にあたる場所は背骨の「命門」と呼ばれているツボで、二足歩行の人類の重い脳を支えるために背骨がS字カーブになって、脳への刺激を和らげています。

☆"あひる"のリズムはここのしなやかさが必要になります。

87. 両生類ハイハイ

▶ 対象　生後 10 ヵ月〜
▶ 楽譜　『斎藤公子のリズムと歌』p.49
（両生類ハイハイのメロディを口ずさみながらやる）

両生類ハイハイについて

・生後８ヶ月頃からお腹を床につけたままでハイハイをします。これが両生類ハイハイです。この期間は赤ちゃんの個人差が大きく、２〜３ヶ月くらい、この両生類ハイハイをやる子もいますが、短い期間やって、その後、肘を伸ばして四つ這いをする赤ちゃんもいます。または全くしない子もいます。早くからベビーチェアなどに座らせてしまうと、ハイハイしないで座って移動してしまったり、ハイハイをしないでつかまり立ちをしたりします。
・お座りは四つ這いの後、自分から足を出して座位をとります。
・赤ちゃん用の椅子は赤ちゃんが自分から座位を獲得してから座らせるようにします。背骨がしっかりしていないのに、早くから座らせると、背骨に負担がかかります。

足指の蹴り

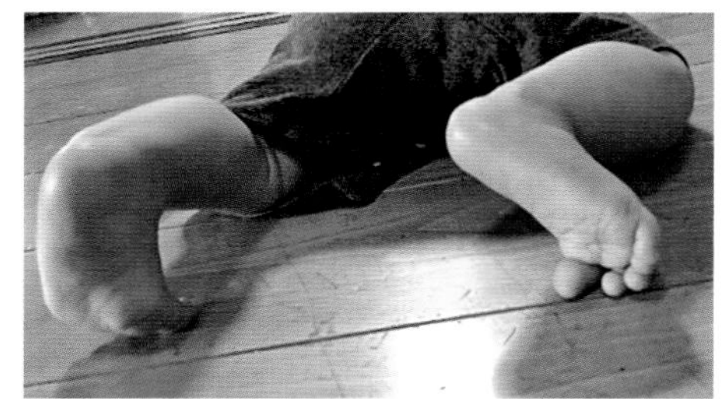

８ヶ月の赤ちゃんのずり這い、足指の差、
左足指は返しているが、右足指は返していない

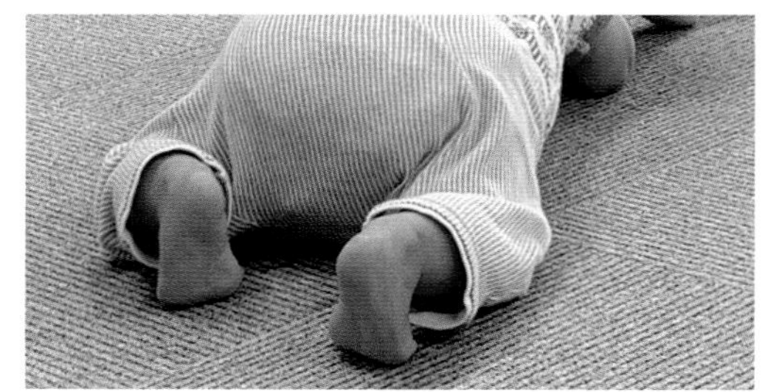

１ヶ月後、同じ赤ちゃんのずり這いの足

☆右足指が返っていなかったので、右足指を足裏側にゆるめることをアドバイスしました。１ヶ月後両足指で力強く蹴っていました。
☆右足指も左足指のように蹴ってほしいので、お母さんは逆に蹴るように曲げていました。しかしこの場合、ゆるめることでしっかり蹴るようになってきました。足指をゆるめることと、赤ちゃん指コロコロピン！を毎日やっているそうです。

両生類ハイハイの介助

☆ 赤ちゃんの両生類ハイハイを介助してやるのは生後 10 ヶ月を過ぎてから、と斎藤先生に言われています。介助するのはその動きを赤ちゃん自身が獲得してからやる方がいいと思われます。先取りしてやるのは難しい。何より、介助の仕方はその人によって力の入れ方などに個人差があり、また赤ちゃんも個人差が大きいからです。

☆ 生後 10 ヶ月以降、両生類ハイハイを介助しながらやるには介助者が 2 人必要です。1 人介助では難しいです。もし、やるなら、赤ちゃんが元気な時に必ず毎日、午前・午後とやりましょう。そうすると、赤ちゃん自身が両生類ハイハイの介助にも慣れ、抵抗感なく受け入れてくれるようになります。もちろん、赤ちゃんの体調が悪い時はやりません。

☆ 長い距離をやるより短い距離を 1 日に何度もやる、という方法があります。たとえば、1 回に 5 メートルくらいをやり、慣れてきたら、その往復をやります。やり方は第 1 章「両生類ハイハイ」を参照にしてください。やり方は基本的に同じです。ただ赤ちゃんは身体が小さいので、介助者の力の入れ方が難しいです。

☆ やってみると赤ちゃん自身の力が抜けて身体の動かし方が楽になっていることに気づくことがあります。赤ちゃんは意識していませんが、関節の曲げ伸ばしにとても力を入れすぎている子もいます。逆に力が弱くダラーっとしている赤ちゃんもいます。両生類ハイハイを介助しながら続けていくと、赤ちゃんが抱っこしやすくなっていることに気づくでしょう。

☆ 障がいがある赤ちゃんにとっては金魚、どんぐり、両生類ハイハイ、ロールマットなどの基本のリズムは有効なので障がいを軽減するためにも取り組んでほしいですが、決して無理をしないで熟練の保育士さんに学び、慎重に対応してほしいです。身体の発達の遅れがある子にとってはゆったりと過ごす時間と共に金魚運動に取り組むとよいでしょう。

☆ 1 歳を過ぎてから両生類ハイハイをリズム遊びの中に入れて何度もやりたい。そうすると、1 歳後半から両生類ハイハイのピアノが聞こえると自分からやるようになります。

☆ 赤ちゃんの両生類ハイハイの介助は熟練が必要なので実際によくやっている園などで実践的に教えてもらうとよいでしょう。

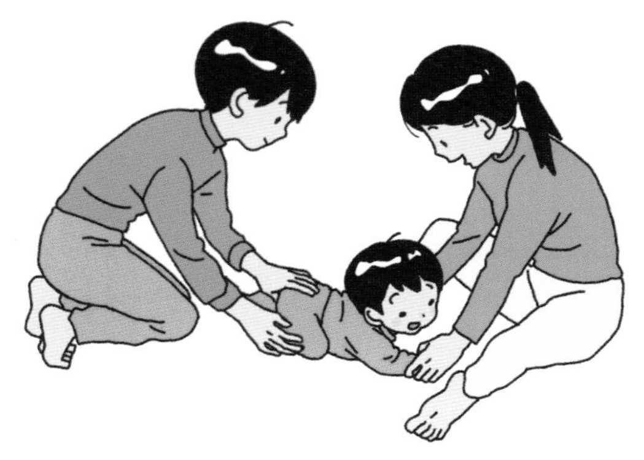

第９章　寄稿文

『サルタン王物語』チェルナモール爺さんと 33 人の勇士を描く

乳幼児期の“根っこ”をたいせつに

西野 菜津美

1997年生まれ。4人の兄弟姉妹の末っ子。1歳の誕生日を迎えてから埼玉県鴻巣市にあるどんぐり保育園へ入所。その後、小中高とわんぱくに育つ。短期大学へ入学。授業で、「アリサ」を観て感銘を受け、自分が育ってきた環境と重なり、この保育とは？斎藤公子とは？をさらに学びたいと強く思いました。

埼玉県鴻巣市にある「どんぐり保育園」での5年間の保育園生活で、とくに印象に残っている思い出と、これからの私。

ひのきの床と高い天井が特徴の開放的な園舎。周囲を畑に囲まれた自然豊かな地。近くに荒川が流れ、広いグラウンドと土手、田んぼや神社、お寺が立ち並んでいます。それはもう私達、“子どもの庭”でした。荒川の土手は、赤ちゃんから年長児までが四つ這いになって急な斜面を登ります。四季折々に変化する土手には一面に広がる菜の花やつくし、よもぎ、たんぽぽ、のびる、野イチゴ、ドドメ（桑の実）にイナゴなど、おいしいものがたくさんありました。両手いっぱい採ったのびるを保育園に持ち帰り、自分たちで調理したり、紙に包んで持ち帰り、調理してもらいました。

もちろん散歩へ行くと、昆虫もたくさんいて、トノサマバッタやカナヘビ、ちょうちょう、ジーッと立ちどまり人差し指を高々伸ばし捕まえるトンボ。田んぼに行けば、メダカやドジョウ、オタマジャクシにザリガニ…。たくさんの生き物とのふれあい体験がありました。

神社やお寺ではたくさんの木々や遊び場所があり、夏には木登りやかくれんぼに夢中になりました。秋から冬にかけては木々の下に落ちた銀杏や椎の実、栗を袋いっぱい拾い、保育園に持ち帰って、朝一番にたき火を囲み、焼いたり、食べたりして、なかまと一緒に四季折々の収穫の味や喜びを全身で感じながら、朝から晩まで陽焼けで真っ黒になりながら遊んでいました。

一本の大きな木に登った人にしか見えない景色がある。ここは、保育園からそう遠くない「保育園の庭」。

荒川の土手一面に広がる菜の花畑を散歩する子ども達。自然は四季折々の姿で子ども達をつつみこむ。

夏のプールと冬の焚き火

年間を通して特に楽しみにしていたのは夏のプールと冬の焚き火です。

夏のプール。保護者の協力を得てできた、手作りのプールが大小二つありました。パンツいっちょうでプールに飛び込み、園の先生にほうり投げられ、身体いっぱい水遊びを楽しんでいました。ときには、プールに鯉が放され、素手で捕まえる体験もしました。

冬の焚き火。寒い朝の最大の楽しみは焼き芋や焼きリンゴ、銀杏や椎の実を焼いて食べることです。焚き火をするために薪割りもやりました。園長先生がナタを使って薪を割っている姿をよくみて、子どもたちも先生に見守られながらナタを使って薪を割った記憶があります。

保育園の近くには寺があり、大きな銀杏の木がありました。１０月の上旬は銀杏とりをしました。銀杏は素手で触ると手が荒れてしまうので、木の枝を箸代わりにしたり、葉っぱでつまんだりして銀杏拾いをしました。

一人じゃなく楽しい　～雑巾がけ～

年中児のわたしは朝からバケツに水をくみ、雑巾をしぼる。そして、保育園のホール一面を年齢に関係なく、みんなで雑巾がけするのです。横一列に並び、まっすぐ進んでいく子ども達。「よーいドン！」のかけ声でいっせいにかけだします。ときにはチームをつくり雑巾がけリレーをしたり、速い子どもや大人に挑んだりします。“どんぐり”の一日は、雑巾がけで始まります。

ホールに漂ういい匂い ～食育～

保育園の横には畑があり、いろいろな野菜を育てていました。トマトやなす、きゅうり、青菜、だいこん、じゃがいも、さつまいも、ねぎ。季節ごとに多くの種類の農作物がとれました。もちろん、無農薬です。自分たちで水やりをしながら、青いトマトが赤く色づくのを観察して収穫を楽しみにしていました。その野菜を給食に出してもらった記憶があります。

食器はプラスチックや金属製のものではなく、お皿も茶碗もコップもすべて本物の陶器を使っていました。乳児期の手づかみ食べから、徐々に箸やスプーンを使いこなせるようになりました。

保育園のおやつは、旬の食材をつかった手作りのものばかりでした。昼寝から覚めると美味しそうな匂いが漂う保育室。食事の用意や準備は子どもたちでテーブルや椅子の並べ方を考え設置します。「外で食べたい！」「土手で食べたい！」と言えば、希望通りになりました。なかでも、大根や人参スティックのあまず、スルメ、煮干し、昆布や酢ゴボウなどの固い物は幼児期の食材として咀嚼力をつけるための大切な食材です。

想像をかきたてた　～読み聞かせ～

『スーホの白い馬』『龍の子太郎』『わらしべ王子』『黄金のかもしか』『森は生きている』などたくさんの絵本を読んでもらいました。表紙を見ると、どんなお話だったのか記憶が蘇ります。『ドリトル先生アフリカゆき』は、先生が読んでいるあらすじに吸い込まれながら、次々に想像を巡らせていたのです。

いい場面で「続きはまた明日ね」と言われ、それからがとても気になり、次の日の楽しみでもありました。続きが早く聞きたくて、昼食後は自分達の椅子をいち早く並べ、園長先生の座布団や椅子を用意し、まだかまだかと待っていたのを思い出します。

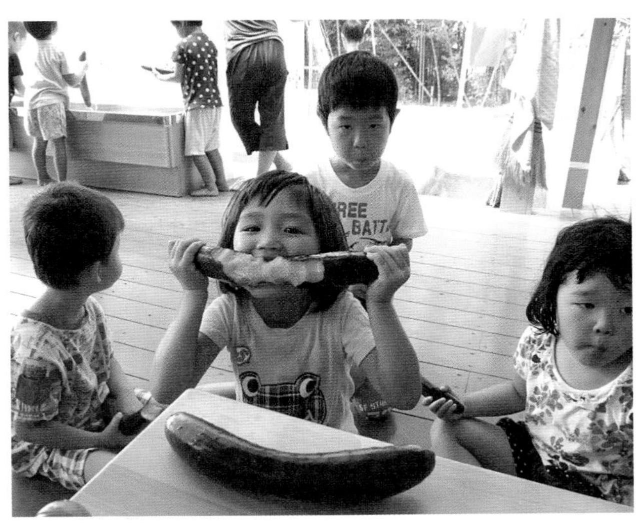

自分たちの畑で育ててきた野菜を、おやつとして食べている子ども達。
こうした体験で、畑や食材に興味が繋がる。

ロールマット運動 ～朝の日課～

登園し雑巾がけを終えた子どもから、ロールマット。月齢に応じてロールマットの太さは変わりますが、どの子ども達も自分より大きなロールマットを転がし準備していました。ロールマットは一人づつ、または二人づつなので、自分の順番をまだかまだかと正座して待ちます。マットをよじ登り、保育士に触られ、「気持ちいいな」「今日は痛いな」と感じたりしました。 この時、うつ伏せは手をつきストンとでんぐり返しをし、仰向けは手をつき足を垂直に持っていき、立ちます。年長児の私はどれだけ美しくできるか、こだわっていたと思います。

斎藤公子の自叙伝（半生紀）を読んで

西野 菜津美

この本は、私の生まれた1997年と同じ年に出版されています。斎藤先生の本を読んでいると「不可能なんて無い」と思えるようになります。斎藤先生は戦前・戦中・戦後と波乱万丈の人生を歩まれた方です。20歳前後の時代転換の中で、両親から受け継いだ感性を発揮。正しいものは正しい、女性であろうと「自分の労働で自分の生計をたてていく」ことを基本として人格の独立をとげるという生き方はとても素晴らしいと思います。さくら・さくらんぼの保育実践を生み出した源流がここにあるのではないでしょうか。

（Kフリーダム扱い）

日々の積み重ねから学ぶこと 〜リズム遊び〜

保育士となったいまでも、一日の中でリズム遊びの時間が一番の楽しみです。自分を自由に表現でき､大人も子どもも楽しめるからです。それは、園庭でも、散歩の途中でも、口(くち)ピアノで（歌って）遊びます。すると、自然と子ども達も寄ってきて楽しい時間になります 。

どんぐり保育園では、大人がピアノを弾き始めると、外で遊んでいた子どもたちが一斉にホールに駆け込んできます。そして、ピアノの前に集まり、季節にあった歌や童謡を歌いました。その中でも「チッポリーノの冒険」や「ホップ・ステップ・ジャンプくん」は勢いと元気があって、みんなと大きな口を開け歌うのが大好きでした。

日々のリズム遊びは楽しく、その中でも卒園式のリズムあそびが一番印象に残っています。 狭い場所を交錯する踊りですが、誰一人としてぶつからず優雅に飛び交う蝶。もっと上手になりたくて、家の布団の上でお父さんと練習した側転。日頃のリズムで培った身体を美しく表現する波｡「ハイーッ」とかけ声をかけながら馬を引く荒馬踊り。竹の打ち合う澄んだ響きと、リズミカルな曲を使ったベトナムの竹踊り｡最後の集大成として、大きな歓声の中でのリズムあそびはとても気持ちよかった記憶があります。

私の決意　一保育士として誇りを持って

私自身、子どもの頃から、こだわりのある野菜や果物、昆布やスルメなど、手作りのおやつをお腹いっぱい食べたことと、沢山の自然体験とリズム遊びで、のびのびと自由に育ちました。自分が培ってきた体験を、そのまま子ども達に伝えたいと思い、斎藤公子（さくら・さくらんぼ）保育を取り入れている保育園に就職しました。

保護者から多くの声があがります。「洗濯物が多い」「服が汚い」「木登りは危ない」「裸足は衛生的にどうか」「子どもが雑巾がけするのは…」などなど。小学校に上がる前の幼児期の子どもたちに何を経験させ、どう学ばせるかの本質的に大事な考え方を忘れずに、大人の勝手な都合や利便性で遠ざけてしまいがちな、環境や活動についてよく考えながら取り組んでいます。

保育士としての基本的な考え方と、このような誇りをもてる子育てに出会えたのも、当時の保育園の多くの先生との出会いがあり、自然環境があったからです。そして、両親の存在が大きかったと、心から感謝しています。今後は、この保育を広めると共に、自然環境のもとで、生き生きと遊び、輝く子どもたちを育てることに尽力していきたいと思います。

畑に町に

畑に　町に
よき人々に
ラッパはうたう
苦しみのくさりを解いた
しあわせの日　わしらの日
ラッパよ
うたをふきならせ
あつまって輪になろう
あつまって輪になろう
自由なわしらの大地
畑も　町も
野原も　山も
こどもらの国
希望の国

赤ちゃんに秘められた生物進化の歴史

前田 綾子

くさぶえ保育園園長
（岐阜県各務原市）

1．背骨

目は合うか？手の開きはどうか？うつ伏せにしたときに足の蹴りは出るか？この三点で赤ちゃんの育ちをみる。これらをつないでいるのは何か？顔と手と足は胴体から出ている。胴体の芯は背骨だ。この三点を支えているのは実は背骨である。

背骨は頚椎7個、胸椎12個、腰椎5個（その下に仙椎、尾骨）がある。背骨は硬いけれど、一本の棒のようではなく24個の骨が組み合わさって私たちのからだを支えている。だから湾曲しているし、背骨がとても柔らかい人もいれば、硬い人もいる。

そしてこの背骨、すなわち脊椎の中には神経の束が通っていて、頭の方は脳幹、下の方は退化してしまった尾骨のなごりがある。

2．赤ちゃんの発達の順序

（1）胎児から新生児への大きなできごと

出産という赤ちゃんにとっての大きなできごとは、肺呼吸の獲得である。産後すぐに泣くことによって今までは母のへその緒からだった栄養や酸素は、すべて自力で獲得しなければならない。 胎内では羊水の中で育っていたが、狭い産道をねじりながら産まれる。その皮膚刺激は赤ちゃんにとっては必要なことであるが、ストレスでもある。人生において最初の大きなこのストレスに耐えこの世に生を受ける。その途端に重力にさらされ、真っ暗闇から明るすぎるくらいの光を浴びる。そして空気乾燥。耳の聞こえは母の骨の振動から伝わってきたものが、直接赤ちゃんの耳に響く。赤ちゃんが最も聞きなれていたのは母の心臓の音だと言われている。新生児は目よりも耳がいい。

まだ、もの言えぬ赤ちゃんのこうした状況を少しでも知って、重力・光・乾燥・音などの刺激から赤ちゃんを守ろうとする配慮が欲しい。狭い部屋に大きなテレビ画面、そのそばに赤ちゃんのベビーベッド。テレビやゲーム機などの光や機械音が赤ちゃんの耳に届く。こういう住環境が赤ちゃんの育ちをいかに苦しめているか？を知ってほしい。そして赤ちゃんが少しでも安心できる環境で、真の意味ですこやかに育っていけるように家族は配慮し協力すべきだと思う。また、ショッピングモール街などで小さい赤ちゃんを連れているお母さんを見かける。ショッピングモール街は空調設備が整っているので、夏暑く冬寒い公園よりは行きやすいが、赤ちゃんにとっては光や音の刺激が強すぎる。こうした刺激に反応して泣き叫ぶ赤ちゃんもいる。過度に人工的な環境なのでこういう場所に慣れてしまうと、子どものその後の育ちが心配である。

現在では、産休明け保育は生後8週間をすぎて始まる。（斎藤先生がお元気だったころは生後6週間の産休）。育児休暇が保障されるようになり、生後57日目から赤ちゃんを保育園に預ける子は随分減っている。だからこそ、生後1ヶ月半からの赤ちゃんの育て方を父母で学んでほしい。

（2）まなかい（目をあわせる）

新生児（生後28日まで）の目はどれくらい見えているのだろう…？生まれてから少しずつ視力を獲得していく赤ちゃんの中に目をあわせたくないかのようにきょろきょろしている赤ちゃんがいる。母の声や音は聞こえているのに…。かと思えばまだ見えているかどうかわからないのに、じっと見つめ返し、にこっと笑ってくれる赤ちゃんもいる。赤ちゃんの育ちには個人差が大きい。

まなかい抱っこをすることで、目があうとにっこり笑う。赤ちゃんが眠るまで続ける。この抱き方は赤ちゃんのからだを広げる。胎児のときのように丸める抱っこのしかたもあるが、斎藤先生は赤ちゃんのからだをひらいて脱力する方法を推奨していた。目をあわせ、胸をひらかせ、肩の緊張をとることで、肩から腕がすとんと落ちるかのように脱力する。それによって手のひらき（親指のひらき）もよくなる。親指が他の４本の指それぞれに対向する人間だけの特徴を獲得するのである。また、股関節を左右対称に開かせている。横抱きにすると、片方の股関節を母のからだに押し付けるので、赤ちゃんの股関節のひらきに左右差が出る。こうして育った子の歩き方は見るとすぐわかる。片方の膝が内側に入り、歩き方の左右差が大きい。横抱きをする人は赤ちゃんの向きを変える必要がある。

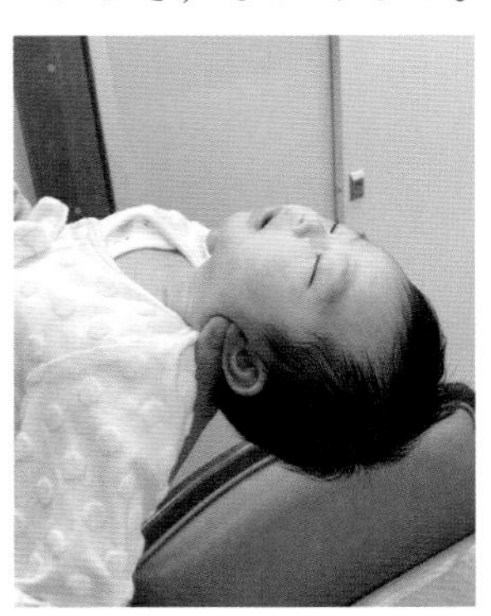
（生後１ヵ月頃〜首がすわる３ヵ月頃まで）

（3）金魚運動の意味

金魚運動は脊椎動物である魚類の最初の移動運動である。新生児期を過ぎても泣き続け、なかなか眠らない赤ちゃんがいる。緊張が強く、重力に抗しきれない赤ちゃんはからだをねじったり、反ったりするようになる。縦抱きにすると泣き止むが水平にすると泣き始める。お母さんが赤ちゃんを抱っこしたまま、ソファでうとうとしている姿が想像できる。赤ちゃんが寝たから、と思って布団におろすと火が付いたように泣く。また母は赤ちゃんを抱き、ソファで赤ちゃんを抱いてあやす。こうした母の姿は産後うつの要因にもなる。お父さんがその現場にいなければ、この大変さは理解できないであろう。

こういう赤ちゃんに対して金魚運動は有効である。赤ちゃんのおへそあたりに母の手を置き、やさしく横に揺らす。（第８章参照）はじめは泣くが根気よく続けると赤ちゃんのからだはやわらかくなり、ギュッと握っていた手は小指側からひらき始め、泣き止んで目をあわせるようになる。そして仰向けで大の字になって眠れるようになる。「寝る子は育つ」という諺（ことわざ）どおり、赤ちゃん時代は眠ること、そしてお母さんの美味しいおっぱいを飲んでまた眠る。これが乳児期前期の赤ちゃんの姿である。

赤ちゃん時代のしなやかで柔らかい背骨（脊髄）は頭の方では脳幹に直結している。脳幹は生命維持のための欠かせない主要な部位であり、金魚運動は脳幹に心地よいゆれを伝える。目があいにくい赤ちゃんの視線が落ち着き、お母さんや保育者の顔をじっと見つめ、にこっと笑うようになる。金魚運動は赤ちゃんの目を育てる。この実践は斎藤公子の保育の経験知から学んだことである。

この頃の赤ちゃんが目覚めているときの遊びとして追視遊びがある。３ヵ月ころになると、自分の手をしきりに見る。片方の手だけを見ていた赤ちゃんが胸の前で手を合わせるようにして両手を見る。正中線をとらえてきた証しであり、この頃、首がしっかりすわる。

赤ちゃんの感情表現は「快・不快」であり、おむつが濡れて泣く。替えてもらって気持ちよくなり、にっこり。近年の紙おむつは便利だけれど赤ちゃんの快・不快の感覚や排尿感覚が脳に伝わりにくい。おむつを替える時、母は必ず赤ちゃんに言葉をかけ、皮膚接触の回数も多いので赤ちゃんはよく育つ。排泄の感覚については『内臓のはたらきと子どものこころ』三木成夫著を参考にしてほしい。（紙おむつがこれだけ普及している現在、全てを布おむつにすることは難しいかもしれない。紙おむつと布おむつの併用（注１）やおむつを替える時の言葉かけなど、布おむつの洗濯などの時間が減った分、赤ちゃんと関わる時間をふやすような努力をしてほしい。赤ちゃん時代は人間の五感（嗅覚・触覚・聴覚・味覚・視覚）を育てる大切な時期でもある。

（注１）紙おむつと布おむつの併用は紙おむつの中に木綿の布を１枚あてる。そうすることで、赤ちゃんには濡れた不快感が脳に伝わりやすい。お母さんの洗濯仕事は少しは増えるが、全てを布おむつにするよりは楽であるし、また赤ちゃんの方も腰まわりが布おむつだけよりも軽く、股関節や脚を動かしやすい。

（４）赤ちゃんは口から育つ

肺呼吸を獲得した赤ちゃんは次にお乳を飲む、という仕事がある。吸啜反射が備わっているのでお母さんのおっぱいを上手に飲むのが普通であるが、中には舌小帯（舌の裏側にあるスジ）が短くお母さんの乳首をくるっと巻けなくて母乳がうまく吸えない赤ちゃんがいる。それだけでなく、赤ちゃんの口をめぐる発達は、舌の動かし方、離乳食の食べ方、発語、活舌、口の閉じ方、口呼吸・鼻呼吸、咀嚼、嚥下、乳歯列、歯の噛み合わせなど幼児期から大人にまで関わってくる。そしてこれらに密接に関係しているのは０歳後期の四つ這い・高這いの姿勢にある。ハイハイ移動は顔の筋肉（目や口の周り）首・肩・腕の関節や筋肉を育てる。もちろん背筋･腹筋も含め、ハイハイの動きは全身運動である。

生後２ヶ月からのお口マッサージがある。赤ちゃんの口の周りの口輪筋を少しさわることから始める。このお口マッサージは成長期の赤ちゃんから幼児期までお風呂で母にやってもらうと、とてもよい。顎が狭く歯が並びきらない子どもまで根気よく続ける。スキンシップにもなり、また歯みがきに対する子どもの拒否感がうすれる。

（５）赤ちゃんと泣き声

赤ちゃんの泣き声には種類がある。安心して聞いていられる赤ちゃんらしい泣き声。甲高く時には奇声？と思えるような高い声を発する赤ちゃん。不協和音のような、恐竜の泣き声のような声。そういう声の赤ちゃんは喉が狭く泣き始めるとますます喉に力が入って聞きづらくなる。こういう赤ちゃんは肩が盛り上がり、首が肩に埋まっていて、服の着替えなどで、両手があがらないような子である。肩が下がり、首がすらりとしてくると喉の緊張がとれ、声が変わって聞きやすくなる。甲高い声の赤ちゃんは頭のてっぺんから出るような声で、脳に何かの異常があるような、どこか気になる赤ちゃんであったり、自閉的な子や発達障がいの子に多いように思われる。原始反射がなかなか統合されない子にも多いように思う。しかし、大半の赤ちゃんは赤ちゃんらしい声でどんなに泣いていても気にならず、元気な赤ちゃんの声だね、と思う。しかし、乳児期をすぎると、声は落ち着いていく子が多い。泣き声と赤ちゃんの育ちについては疑問が多い。

(6) 独立二足歩行を獲得するまで

首がすわる、寝返り、回旋、手支持、バックハイハイ、前進ずり這い、四つ這い、お座り、高這い、これらの姿勢や移動行動は赤ちゃんの育ちに個性があるが、歩き始めを急がない方がその後の育ちがよい。ことに０歳中期からの回旋、バック、前進のずり這い。バックで獲得した手支持（肘支え）。０歳後期の四つ這いの格好にはなるがまだ動けないのでロッキングで体重移動の練習、そして自らお座りを獲得しスムーズな四つ這い、つかまり立ち、そして高這い移動。いよいよ二足歩行を獲得するまでのほぼ６ヶ月にわたる這い這いの姿勢と移動が、両生類、爬虫類、哺乳動物へと進化を遂げる姿である。

目でおもしろそうなものを見つけたら、手をひらいてつかむ。そしてなめまわす。全身を床に接着させた這い這い、ずり這いとか、べた這いとか、地域によって呼び名は異なる。

両生類ハイハイは全身が床についている。そして背骨をくねらせながら両方の足指で蹴って進む。両生類這い這いのことを「ワニ」と呼んでいる保育現場に出会う。確かに似ているし、リズム遊びには動物の登場が多いので子どもにわかりやすくそう伝えているのだろう。しかしワニは肘をたてて這い、お腹が地面から離れている。この違いは知ってほしい。

そして哺乳動物ならではの四つ這いから、高這いに移行し、つかまらないで立ち上がり一歩が出る。これが典型的な赤ちゃんのからだの発達の順序である。しかし、このようにいかない赤ちゃんも多い。だからこそリズム遊びがある。リズム遊びの動きは赤ちゃん時代の動きがたくさん入っていてこれを繰り返すことでしなやかさと瞬発力を身につけて育つ。

3．生物の進化の歴史を学ぶ

斎藤公子が赤ちゃんのずり這いを「両生類のようなハイハイ」と命名したことには大きな理由があったと推察する。「個体発生は系統発生を繰り返す」というヘッケルの反復説を支持していた斎藤先生は「這い這いをしなくても歩けばいい」という赤ちゃんの育ちについては大きな憂いと危惧を感じていた。特に這い這いをさせないで歩行器に子どもを座らせる育児に反対し、厚生省（今の厚生労働省）にも子どもの発達に有害なものとして、その意向を伝えていた。

子どもの足の親指の蹴りについて、「子どもの意欲を育てる」という持論を強調していた。両生類のような這い這いは赤ちゃん時代はあんなに素早く動いていたのに、大きくなってやってみるとなかなか難しい。全身脱力し、力を入れるところは両足指、ことに足の親指を中心に蹴って進む。なぜこの這い這い運動が大変なのか？四つ這いや高這いの方が楽に進むのに対して重労働である。しかしリズム遊びを日常から行っている園の子ども達はすいすいとまるでカヌーが水上を滑るかのように進む。それは全身脱力としなやかな背骨の動き、可動域の広い股関節で体側をひねるようにリズミカルな交互運動、伸ばした指先は両棲類の舌であり、獲物を見つけたら瞬時に捕獲できる。この動きを獲得するまではある意味、苦しい運動であるかもしれない。

斎藤公子がここに目をつけたのは魚類が両棲類になるための、はじめは苦しい上陸劇であっただろうが、その動きの要領を得たら楽しい。地を這う動きを嫌う子どもは多い。落ち着きがなく、走ったり跳んだりすることが好きな子どもも多い。地道に粘り強く地を這い、一見目立たないけれどこの運動こそが意欲と粘りを育てる。1億年という長い年月をかけて進化した両棲類が、水から陸に上がり、二足歩行を獲得した人類の祖先である。

斎藤先生を囲んで、映像での学習会があった。魚類が陸に上がる両棲類への進化の過程について熱く語られていた。なぜ、魚が陸に上がるのか、当時はその理由として大きな魚に食べられないため…。というような私たち保育者の勝手な理解をしていたが、現在では研究も進み、海水の満ち引きに関係があるという説が有力で、両棲類になる途中の化石が一定の地域に集中して発見されているらしい。

魚類が陸に上がり、エラ呼吸から肺呼吸へ、ヒレが足になる、という両棲類への進化。呼吸の変化は内臓に大きく関わる。魚のヒレが足（脚足）に進化するこの過程を想像してみる。あのやわらかそうなヒレで干潟に上がり、ヒレで進もうともがく。その年月が1億年。代々の子孫に受け継がれヒレは硬くなり、土をもがく力も少しずつ強くなり、それがまた子から孫へと受け継がれる。何のためにそんな苦しいことをするのか？干潟に上がった魚類（硬骨魚類）もいればまた、海に戻った魚たち（軟骨魚類）もいた。（これらの進化について詳しくは三木成夫の著作『海・呼吸・古代形象 - 生命記憶と回想』『生命の形態学』などを参考にしてほしい。）

井尻正二は『保育の未来を考える』の中で「万年単位でものごとを考えなさい。」斎藤先生からは、「目先のことにとらわれることなく、子どものまるごとをみるように。」1億年かけてエラ呼吸から肺呼吸を獲得した両生類（イモリ・カエルなど）に対して出産後、数分でオギャアーと泣き、肺呼吸を獲得する赤ちゃん。生物学的には哺乳動物であるヒト科の人間を育てることに畏敬の念を禁じ得ない。だからこそ生物進化の歴史を広く深く学び、「ヒトを人間に育てる」ために私たちは安易な目先のものにごまかされてはならない。

4．健康な赤ちゃんを産むための母体への配慮

斎藤公子の子育てについての考え方は深い。健康な赤ちゃんを産むためには妊娠7年前からの母体の健康が問われる。なぜなら人間のからだの細胞の多くは7年で変わる。第一子の出産年齢がもし25歳であれば、18歳の頃からの生活リズム。早寝早起き、夜10時就寝・朝6時前の起床と食事の厳選。できるだけ添加物の少ない、和食中心の季節の野菜を食べる。乳製品を取り過ぎない。調理器具の選択、ことに鉄製のフライパンの使用は貧血を防ぐ。電子レンジ調理も控えたい。しかしだからといってこれらに縛られることはない。必要なストレスには耐えるが、無駄なストレスには気持ちの切り替えなどで、メンタルな点も含めて自立していってほしいと、女性の食と生活についても言及されていた。

健康な赤ちゃんを産むためには女性の仕事への配慮が必要だと私は考える。なぜならフルタイムで働いている女性は第一子妊娠出産8週間前までは8時間労働であり、休み辛い。ことに職種によっては緊張感のある仕事に就いている女性もいる。しかし、続けて第二子妊娠の時、母はフルタイムで働いていることは少ない。（第一子と第二子の年齢差が1年半～2年半の差であるとき）生まれた赤ちゃんは明らかに第一子の方が緊張が高く、目が合いにくい子が多く、第二子はよく寝てよく飲みよく笑う。

産む性としての女性の保護は必要である。第一子妊娠が確定したら、勤務時間の短縮などの制度（給与保障を含む）を期待する。国の存亡にかかわる少子化対策は目先のことでは改善できそうにない。日本の子どもを産み育てる環境は劣悪で、大人の便利さ優先が子どもの育ちを苦しめている。

5．子どもが育つ環境

保育環境の悪化、子どもを自然から離して保育することは、子ども自身から子どもの内なる自然を奪ってしまう。それは大人である私たちにも言える。仕事・余暇・休息のバランスを都市部で調整するのは難しい。しかし田舎も都市化している。最近の保育園や児童福祉施設の立地環境を見てほしい。子ど

もが豊かで安心な自然環境で自由に楽しく遊んでいる姿が消えつつある。子どもを自然から離してはならない。自然は子どもに多くの贈り物を届けてくれる。春夏秋冬の変化、芽吹く植物が蕾をつけ花びらが開く、色と香り、集まってくる虫たち、そして実を結ぶ。その実に手を伸ばす可愛い子どもの指先。自然の移ろいを目、耳、鼻、皮膚、味、すなわち五感で感じ取る子ども達。充分にハイハイした足腰で野山を駆け回り、友だちと自然を相手に遊び込むことはかけがえのない人類を育てる財産であるはず。

毎日のように、土を掘り返し、面白そうな虫を見つけ、大きな穴をみんなで堀り進める。こうした大地を掘り返して水を流し、毎日やっていても飽きない遊びこそが真の意味での創造力を育てる。土はどんなふうにでも変化する。同じ園庭でも毎日違う。同じもの同じことは一度もない。子ども達は仲間と共に遊びを通してそのことを知っている。土と水と太陽の元での自由遊び。

さくら・さくらんぼの保育は≪歌とリズム遊び・文学（絵本）や描画・自然の中での遊び≫というバランスを保っている。≪食う・寝る・遊ぶ≫を保障する保育形態である。よく食べる子はよく眠り、機嫌よく目覚め、遊びに集中する。という子どもの内なる自然を大切にしている。

斎藤公子は６歳までの育て方はこの方法【斎藤公子さくら・さくらんぼ保育】が最も簡単でよく子どもが育つ方法ですよ。とやさしいまなざしで言われていたのを思い出す。

６.「脳」の進化の歴史

脳の進化の順序はもっと興味深い。魚の脳 ⇒ 両生類や爬虫類の脳 ⇒ 哺乳類の脳 ⇒ 独立二足歩行を獲得した人類の脳。

【脳幹 ⇒ 辺縁系 ⇒ 大脳新皮質】これは脊椎動物の脳が発達してきた順番で、一人の人間の成長においても、この順番で発達してゆく可能性が高い。脳は脊髄の延長部分である脳幹を中心にその周りに層状に進化してきたのです。

(『アインシュタインの逆オメガ』第２章　小泉英明著より)

このことを学ぶと乳幼児期の行動発達がどういう意味を持っているのか？謎が解けていく。

一人歩きを楽しむ頃。そして友だちに興味を持ち始め、お母さんより仲間を選び、同じものを見つけて指差し合ったかと思えば、物の取り合い、喧嘩、大泣き、噛みつき行動などなど１・２歳児の日常の生活がまるで両生類や爬虫類の脳の活発な行動のように思えてくる。こうした感情表現の表出は家庭で育つより、日常的なリズム遊びの取り組みや保育の質への意識が高く集団学習をしている園を選ぶことで成り立つ。何にでも興味しんしんの頃に座ることを強制したり、早い時期からの文字教育を中心とした知育偏重教育は脳の進化の歴史に逆行している。歴史的にも文字の獲得は素晴らしい描画の後である。大脳新皮質への刺激は、脳幹や辺縁系の発達の後である。両生類・爬虫類時代の脳を活発に使うことが、逆境に負けずますます意欲をかきたてられるような、生きる力を育てることになる。

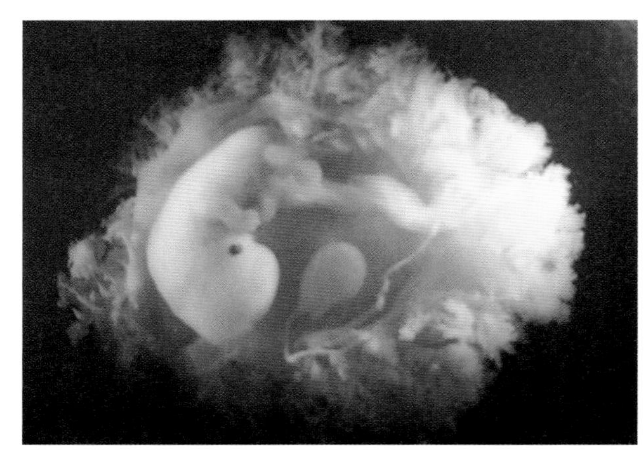

(参考文献 『アインシュタインの逆オメガ』第２章　小泉英明：著)

受胎後 36 日目の胎児

『生命形態の自然誌』三木成夫：著

＊赤ちゃんの発達に沿ったリズム遊びについて詳しくは第８章を参考にしてほしい。

また出産が帝王切開であったり、母乳でなくミルクで育つ赤ちゃんの育ちについて、またハイハイをしないで早くに歩いてしまったお子さんなどにその後どういうことが必要なのかについても言及しています。参考にしてください。

保育を変える！という道程

—斎藤保育を歩んだ先人たち—

富岡 美織

北の星東札幌保育園園長

ここに一冊の本があります。1987年に北海道保育問題研究協議会から発行された『北海道の保育』です。10頁にわたり「零歳～六歳の子どもの姿と描画活動－北の星保育園の絵の歴史から－」という題で、北の星東札幌保育園・北の星白石保育園から園長と数名の保育者がチームを作り、両園の描画活動の実践をまとめたものです。

私は1986年に25歳になる年に北の星東札幌保育園に入職したので、その翌年に発行されたこの本には携わっていません。しかし36年経った今も事あるごとに読み返し、集団学習にも使っています。

この投稿には技術としての実践論ではなく、保育をどのように変革していったのか、斎藤公子氏と巡り会った前任の園長であった多田泰子氏がどのような想いで保育を作り上げていったのかが、脈々と綴られています。その内容は36年経っても全く色褪せることなく、大切なものは何か私たちに問いかけます。一部ではありますが、抜粋して紹介したいと思います。

『北海道の保育』 1987年12月　特集：乳幼児の描画活動　零歳～六歳の子どもの姿と描画活動

—北の星保育園の絵の歴史から—

私たちの園では、試行錯誤しながら、絵の実践を長い月日かけて現在の方法に至ったので、その歩みをたどりながら、まとめることにした。そして、今は子どもの絵は、大人が手とり教えて描かせるのではなく、「子どもの身体の発達と、心の豊かさ、生活環境及び子どもをとりまく文化環境などに深い関係がある。」と考えている。

一、北の星東札幌保育園創設期の絵画の方法

昭和四十六年に開園した当時から数年間は、基礎能力をつけるという点から、二歳児からどの子も描けるようにするために課題画を中心に実践してきた。例えば、マルを描かせたいときには、ドーナツを見せたり、お皿にのっている目玉焼を描かせる。上から下へ描く線として、画用紙にあらかじめ保育者が水道の蛇口を切り絵で貼っておき、蛇口から出て来る水を見せて、貼ってある蛇口から線を描かせるなど、お膳立てをした上で、年令に関係なく、担任保母まかせの実践であった。しかし、でき上った作品を見ると、どの子の作品もだいたい同じであった。ときには、担任保母の指導のあり方で、どの作品が五歳児か三歳児か判らないようなできである。そうしたなかで職員が「子どもの絵の指導はこれでいいのだろうか」という疑問を持ち始めたのが、開園して三年目頃であった。

たしかに自由画を描けない子どもも、今までのような方法で行なえば描けるが、保育者が手を加えて「させる」ことが、よいのだろうかという疑問をもつようになった。絵を描くことはクレヨンをしっかり持つ力、手や指、腕、身体の発達と、創造する力などと深い関係があるので保育内容と切り離すことはできないはずである。北の星では年令にふさわしい体や心の発達を豊かに保障するような保育内容にはなっていないのではないか。自ら「かきたい」という意欲をひき出すような保育をすることなく、課題に取り組ませてみても、その作品には何の感動もなく、単なる「かかせ」であることに気がついてきたのであった。

二、斎藤公子氏に出会う

現在の両園の絵画実践については、埼玉県深谷市にある、さくら・さくらんぼ保育園の斎藤公子氏との出逢いがあってのことである。昭和五十一年頃、斎藤氏の講演を聴く機会を得、その保育実践の裏付けとしての子どもたちの絵を見せられた時に、北の星の従来のあり方と全く違うことを知った。自分たちの絵画指導について疑問をもっていた矢先のこともあったので、その指導方法を学んで来たのである。そして、なぜその方法を学ぶかを私たちは次のように考えた。

㈠さくら・さくらんぼ保育園の子どもたちの絵は、実に創造的で、自由に思いきり自己表現をしていて、みるものに感動を与える。
㈡保育の実践者としての斎藤氏は三十有余年にわたり、目の前の子どもたちの絵を実際にみて、その共通点、相違点などを研究しつづけている。（一年間に千枚前後、多い子どもでは二千枚も描くということである。）実践者であり、研究者でもある氏の保育実践とその絵の考え方について学ぶべきことがたくさんあり、現場の保育者として共感できた。
㈢絵と保育内容の質とは切り離すことができない。
㈣絵を描くことは、子どもの主体的活動である。
㈤絵とは、子どもの生活・心・身体の発達、加えて脳の発達に深い関係がある。
㈥保育園の職員集団の質や、保育者の文化性に非常にかかわりのあるものである。
㈦子どもたちが生活するための人的・物的環境に関係がある。

いくつかあげたが、保育全般にわたる問題であること。従来のように「お絵かきの時間」を設けて、子どもたちが、描きたがろうが、描きたくなかろうが、課題を与え、おとなの意図する作品を要求する方法が、いかに不自然なことであるかを職員全体で話しあった。そして、保育者として、子どもの全生活にかかわる諸問題を科学的に見る目をつけるとともに、実践しつづけ研究している斎藤公子氏と、さくら・さくらんぼの職員集団や子どもたちから学ぶことにしたのである。

Ⅰ　さくら・さくらんぼ保育園に実習に行く

北の星両園の職員が、毎年一名〜二名ずつ実習生として、絵の問題にとどまらず、保育の神髄を学びに行くことになった。そこで、実際に、子どもたちの姿に接し、同じ年令でありながら（北の星の子どもたちと）心や身体の発達の違いを感じたのである。

例えば、体がしっかりできており、特に足、腰の強さ、太ももや腕などの筋肉や体のしなやかさの違い。乳児から主体的で意欲のある生活をしていることや、障害児と共に生活をする中で子どもたちのやさしさと厳しさが育っていることなどである。実習に行った保母たちは、乳幼児期から主体的人間に育っている姿に驚き、このような育ちをする保育実践があっての「絵」であることを、学んで帰って来るのであった。

Ⅱ　絵は子どもの心の表現

従来の絵画指導の方法から、新しく学んだ方法に切り替え、学習と合わせながら実践したが、どの年令の子どもの絵にも、汚れや塗りつぶし、線のひ弱さがみられた。三歳以上児ではテレビに影響されたものや文字・数字・人形や車、パターン化されたチューリップとお家とか、淋しい絵が多く、なかなか年令にふさわしい豊かな絵にはなっていかないのであった。

絵は子どもの内面をあらわすものであるから生活全般を楽しく豊かなものにするため、施設面での改善や保育内容についての検討、実践と意欲的に全職員で取り組んできた。しかし、子どもたちの心は決して豊かになっていない七年間であった。従って絵は依然として変わらなかったのである。

Ⅲ　他園のひきうつしだけの保育で子どもは豊かにならない

七年の間毎年職員が遠い埼玉まで出かけて、いったい「何を」学んできたのであろうか。昭和五十七年十二月両園長と保母二名が研修に行き、持参した両園の子どもたちの絵から齋藤氏に次のような厳しい指摘を受けたのである。

㈠何か規制はないのか（物的・人的規制）。
㈡父母を巻き込んだ保育姿勢がないのではないか。
㈢北海道と言う地域性を活かしていないのではないか（半年間冬・雪の生活）。
㈣園長や保育歴の長い保育者たちが、保育に対して常に意欲的であるかどうか。
㈤園長が保育に対する姿勢を変えれば、子どもたちは変わるはずである。
㈥保育の厳しさがわかっているのか。
㈦なぜ、何人も毎年実習に来ているのに子どもが変わらないのか。

私たちはこの諸点を謙虚に受けとめた。このことが北の星の保育の変革期ともなったのである。大きな反省点としては、北海道・札幌という地域に根ざした、北の星保育園の特色をもった、創造性のある保育方法を追求することなく、埼玉へ実習に行っているからとか、リズムを取り入れてやっているという表面的なことを「真似て」保育をしているだけであった。これで、子どもたちが豊かになると思い、子どもが変わらないのを、家庭の責任や、保育条件のせいにしたり、非常に傲慢ともいうべき保育をしていたことに気づかされたのである。

三、新たな保育のみなおし

乳幼児期の保育のあり方や保育者の保育に対する姿勢によって、子どもたちの可能性は開花する。また、豊かな絵が描けるようになるには、子どもたちの心や身体を年令にふさわしく発達させることが、大切であることを職員全員が確かめ合った。そして、より豊かな保育実践が展開できるよう環境整備も含めて次のような実践に取り組んだ。

㈠　学習の場を多くもつ

子どもの発達に関する学習を含めて、両園で園内研修を実施し、（月一回）園長・職員の保育内容の共通認識の場をもち、職員集団の質の向上をはかっていく。映画『さくらんぼ坊やパートⅠ～Ⅲ』を購入して、父母と共に学んでいく。

㈡　絵と生活のかかわりを学び合う

子ども一人ひとりの心身の発達、生育歴などをしっかりとらえるとともに、子どもの絵を見る機会を多くもつ。年三回、両園の零歳～六歳までの全園児の絵を見ながら、保育の反省をして次の保育の手だてとする。

㈢　床を桧にする

リズム運動をするために、ホールの床を桧にした。「なぜ、桧にしなければならないか」を父母と共に学習し、園と父母とが納得した上で、桧委員会を設け資金作りをしながら実施する。当初ホールしか桧の床にできなかったが、徐々に未満児の保育室も実現することができる。

㈣　築山をつくる

白石では、保育園の道路を隔てた向い側の約一五〇坪の市有地を借りて、大きな築山を造ることができた。（斜面）

㈤　零歳児保育を始める

白石は零歳児保育をしていたが、東札幌では二歳児からの保育であった。零歳からの育ちを大事にするためにも、市と話し合い乳児併設保育園にすることができ、乳児室を増築する。

㈥　カギを外す

特に未満児保育では、部屋にかぎをかけて保育をしていた。保育に魅力がなければ子どもたちは、興味・関心あるところにどんどん出ていく。安全面からみれば、カギがあることで安心だが、これは管理につながっていた。保育者が子ども一人ひとりの動きをしっかり把握して、満足するような、魅力のある保育をしなければならないことに気がついて、部屋のカギを取り外した。

(七) 父母を巻きこんだ保育

職員たちが学んでいる図書や絵本などを、園に常時備えておき、父母に積極的にすすめ購入してもらい、共に学び合っていく。研修会などがある場合は積極的に誘い合うようにする。家庭訪問やクラスこん談会の他に、個人面談の回数も多くして意思の疎通をはかり、保育内容を理解してもらうようにする。また、親子交流会などクラスごとに楽しいことを計画していく(ハイキング・会食など)。父母の会でも父母同士集まって親睦をはかるよう予算化するようになる。

(八) 園外保育の活発化(自然を求めて)

両園の周辺の環境悪化は毎年に厳しくなるため、緑を求め自然環境の豊かなところへ遠出する。路線バスや地下鉄・タクシー・貸切りバスなどを利用して四季の変化に応じた保育を考え、ダイナミックな保育に取り組む。特に冬季の保育については、北海道の地域性を充分満喫できるよう、衣類などの装備を配慮し(純毛の手編みの手袋・くつ下など)、雪の中でいっぱい遊べるようにする。冬期間は、各年令について最後の充実期であるという観点から、もっとも大切にする。

(九) 給食の見直し

給食委員会(園長・料理員・保母)で献立を考え、おかずの品数を多くし、たっぷり食べられるようにする。材料もより新鮮なものを選び、化学調味料は使わず、自然食品を取り入れる。また、食器は陶器にするよう改善した。三歳児は父母負担をしてもらい完全給食とする。

(十) 園長は保育の責任者(園長の役割)

園長は、保育の責任者であることから、各年令のクラスにも積極的に入り、子どもと共に生活する場を多くする。特に年長児クラスは、より豊かな体験や創意ある保育が問われるため、年長担当保母と共に保育を考え実践するようにする。職員のリーダーとしての力量が問われるが、お互いに腹蔵のない討論ができ、常に前向きの姿勢で職員集団をまとめてゆくよう努力する。

四、子どもの発達にあった保育をめざして

前章で述べたように、北の星の保育の見直しをして、子どもの生活と心のつながりを確証してきた。その上にたって、豊かな生活経験・環境作りを試行錯誤しながら取り組んできた点を、まとめてみたいと思う。

(一) 園外保育について

自然を求めて、園外保育に積極的に取り組んできたが、子どもの年令・発達を越えたものであったり、子どもの要求に流されたものになりがちであった。そこで、一歳児の散歩の見直しでは、木影・斜面・段差・土の道(アスファルトでない)など、一歳児の発達にとって大事な条件があるかを検討して、場所を選んだ。特に水・砂・泥あそびを充分にできるように配慮した。また、四歳児に冬のあそびを楽しませようと、スキー場のソリすべりに連れて行っていたが、この年令にスキー場は負担が大きい(距離的にも遠い)ことに気付いた。それよりも、もっと近くの公園の雪山で尻すべり、ソリすべりを充分にすることにして、五歳児になったら行けるという期待感をもたせるようにする。

(二) 食事について(『北海道の保育』十号に掲載)

離乳食は、材料を大きく切り、手づかみしやすいようにしたり、わかりやすいように調理する。味付けは薄味にする。

(三) 感覚(五感)をゆさぶる保育

「見る」「聞く」「嗅ぐ」「味わう」「触れる」などの感覚を育て、各年令で何が一番大事かを、つねに

意識している。快・不快の気持ちを育てる。陶器・籐・木製品を各年令使用していく。特に、零歳児保育では、プラスチック・デコラなどの石油製品はやめて、木製や布製の玩具にする。レコードやテープを使わず肉声で気持ちのよい語りかけ、歌いかけを意識していく。リズム、ふれるあそび、ゆさぶりあそびをいっぱいしていくようにしている。

㈣ 文化を伝える

子どものあそびで、テレビのキャラクターごっこに夢中になり、飛んだり、転げたりのワンパターンのあそびをしている子には、もっと発展性のある質の高いごっこあそびや、ルールのあるあそびに変化させていくよう、あそびの指導を大切にしてきた。

絵本、紙芝居も喜んで見るからとか、子どもをまとめるために使うのではなく、内容を検討して遊ぶ。年長になると、すぐれた文学作品を語り聞かせる。園長や担任は人間の生き方を伝えたいという願いをもって、人間愛にあふれた物語を選び内容をこなして与える。

㈤ 自由な生活の保障

一日の生活で、管理されて行動するのではなく、自ら生活することを大切にしてきた。ここで、おとながしっかり意識しなければならないことは、自由と放任のおさえである。自由な生活をするためには、守らなければならないこともある。子どもに要求したり、励まして子どもの力を引き出すことも大切である。また、「できるからやらせる」のではなく「できても」すぐにさせずに待つこともある。ある年令まで待ったり、集団の質を見ながらやっていくこともある。たとえば、年長児になって、労働の位置づけ、リズムでの表現、課題画など。昨年やったから今年も同じにするのではなく、その年の子どもの発達状況をしっかりおさえて実践し、一回一回の経験が子どもにとって新鮮であるように配慮している。

以上、条件の許す限り努力しているが社会環境はますます悪くなる一方なので、今後とも、父母と協力して、子どもにより豊かな環境を保証し、楽しい経験をさせていきたいと願い実践しているところである。

—省略—

斎藤氏に指摘されたことを機に、全職員は、「いままでのようではいけない」と考え努力した。その年（昭和五十八年）の年長児たちは、短期間ではあったが、以上のような諸点を全職員で実践することによって、変化をみせて卒園させることができたのである。

ここに至るまで、十数年かかってたどりついたといえる。幼児期の絵画指導とは「子どもの生活全体と切り離しては考えられない」こと、「絵とは子どもの心（内面）のあらわれである」ことを学んだのである。

『北海道の保育』より抜粋

時代が変わり、この通りにはいかないことも増えてきています。しかし、斎藤公子氏に巡り会い、なんとかこどもたちにもっと素適な保育をしたいと邁進していた諸先輩がいたからこそ、今があるのだと思います。しかし継承だけでなく、発展させていかなくてはならない課題を私たちは持っています。

社会は変わっていき、もちろんそこで育つ人間も時代と共に変化していきます。「斎藤先生が言っていたから…」を卒業し、理論を学びながら自分たちの実践を積み重ねていく。これまで大切にしてきたことと、目の前にいる子どもたちの姿を捉え、自分たちの責任で保育を創っていく。それこそが斎藤公子が私たちに、そしてこどもたちに残していったものではないかと想います。

保育の行く先は創造であると感じています。

＜こどもの絵が語りかけるもの＞

文字文化に入る前のこどもたちは、絵によってわが想いを語ります。二足歩行を獲得し、移送動作に手を使わなくなってから、その空いた手でクレヨンを握ります。

①「点描」の絵
身体は中心部から末端に発達していくので、初めは肩を基点として腕を振り下ろして描く。

②「往復」の絵
次第に肘・手首が自由に動かせるようになる。

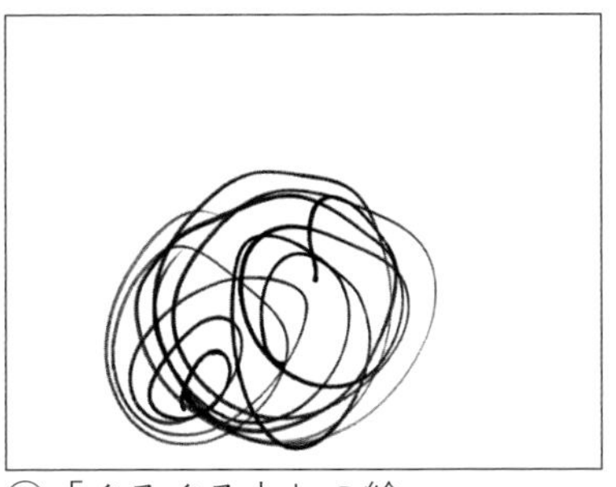

③「ぐるぐる丸」の絵
身体の発達に合わせて腕が自由に大きく動く。

④「ぐるぐる丸が分離」した絵
家族やお友だちを描いていることが多い。

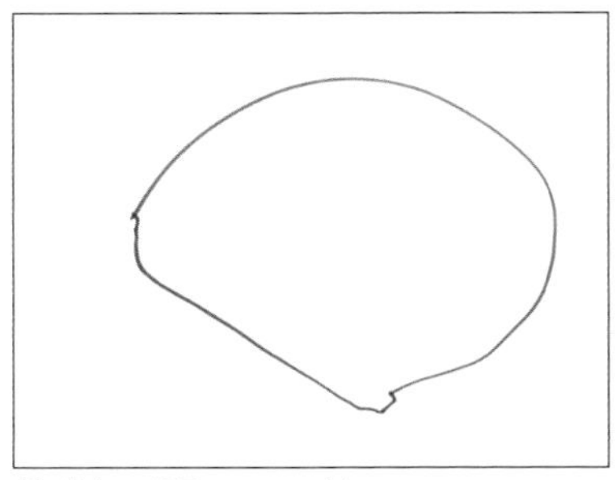

⑤「丸が閉じる」絵
言語が巧みになっていく３歳頃。

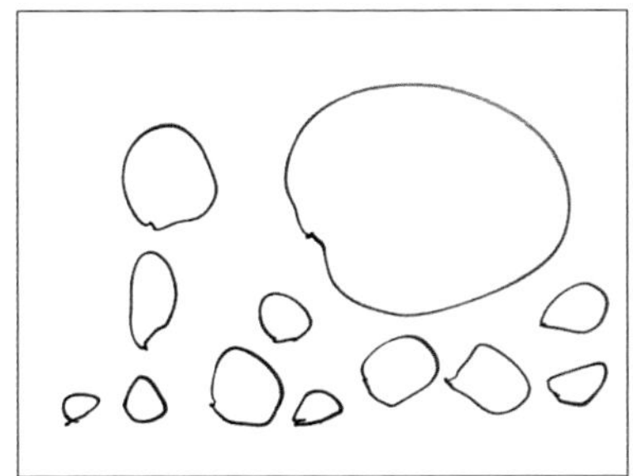

⑥「丸のファンファーレ」の絵
友だち関係が充実してくる３歳児の絵。身体の発達と合わせて、こどもたちの「想い」も大切です。不満や不安が あると絵を汚したり、排泄の自立期に大人 が焦りおしっこを気にすると、紙の四隅を汚す絵を描くことも見られます。

⑦「頭足人」の絵
顔から手足が出る。

⑧「基底線」の絵
４歳児では上下の空間認識がつく。

⑨

⑩

⑨ ⑩5歳児になると「経験画」や「空想画」、胸を打つ語りを聴くとそれを喚起するが如く、一番胸に響いた「お話の場面を描く」など、如何に自分の日々が充実しているかを、紙 いっぱいに表現します。

このようにこどもの描画は、その子の心身の発達や心の動きを私たち大人に伝えてくれる大切な手紙なのです。そしてこれらの絵は世界共通なのです。

こどもの絵には一枚の失敗もない

―この言葉をどう受け継ぐか―

富岡 美織

北の星東札幌保育園園長

＜無償の愛情＞

私が小さい時、今から半世紀前頃は「バカな子ほど可愛い」という言葉をよく耳にしました。言葉は悪いかもしれませんが、困ったことをやってしまうこどもに対して「そんなことしちゃって、本当にこどもだね」というような、大きな器でゆったりとこども時代を見てくれる、こどもの幼い行為を可愛いと思ってくれる余裕が大人にあったように思います。

また、この言葉から「よい子」でなくても、何か秀でたものを持っていなくても、「生まれてきてくれた」こと、「存在してくれていること」を心から喜ぶ親の心情が伝わってきました。これを「無償の愛情」と呼ぶのではないでしょうか？

幼児期はお母さんやお父さんなど身近な大人から「存在することを喜ばれる」「何をしても愛されている」と感じて育つことが、その後の長い人生において一番大事なことかもしれません。

昔は大家族で常におじいちゃん・おばあちゃんが居て、外に出ればこどもたちがたくさんいました。子育て自体を共有できる環境があり「こどもは社会が育てる」という時代でした。「お互い様」という言葉があり、隣近所でこどもを見合う、育て合うことが当り前の時代でした。今は核家族化が進み、こどもの責任は全て親が背負わなければならない時代になってしまいました。周りに子育てを協力してくれる人がいない「孤立」した中で、子育てをしている人は少なくありません。こどもが悪いことをすれば自分が責められる、自分が責任をとらなければならない。そんな緊張感の中での子育ては、こどもをストレートに愛することを妨げているのかもしれません。

本来子育ては親だけでできるものではないはずです。いわば、現代は親だけでこどもを育てなければならない異常な状況にあることを、社会は認識しなければなりません。私たちを含め、こどもに関わる親以外の「第三の大人」の役割が今ほど求められる時代はないでしょう。

今こそ昔の祖父母の！隣のおばさんの！近所のおじちゃんの！そんな役割を担いながら、親（保護者）とより良い子育てを共有しながら、こどもを一緒に育てていく心構えが私たち保育者にも必要なのだと思います。親が「無償の愛情」を表出し、こどもがその愛情に包まれて安心して育っていける環境は、現代においてはこどもに関わる私たちの存在で支えていく！という喜びを持ちたいものです。

＜環境と個性＞

他の動物と違い人間はとても環境に影響を受けやすい生き物です。他の動物は遺伝の影響を受け、本能で生きている部分が大きいのですが、人間は生まれる前からの「遺伝」と生まれた後の「環境」の両方を受けて育ちます。このことはとても大きな意味を持ち、どんな風に生まれても育て方によって変わっていけるということです。育つ中でよくなっていけるという希望があるということです。

だからこそ、子育てに焦りは禁物です。「環境」の影響で育つ可能性があるのだから、発達の順序性を大切にしながら、急いで発達させようと引っ張らずに、今を充実させることで、自然と次へとステップアップしていきます。次よりも「今」が大事だということです。また「この子はどんな子なのか」を知ることも大切ですね。分らないとヤキモキするものです。「この子はゆっくりなんだよね」と知っていれば、ちょっと落ち着いて対応できるものです。こどもの発達は競争によって動かされるものではありません。一人ひとり違う個性だからこそ、人類は途絶えることなく命のバトンを渡してこられたのです。個性をもって生きているという自覚はとても重要なことです。

変わることに希望を持ち、自然にステップアップできるように今を充実させ、個性を知って向き合う。当たり前のようですが、なかなか難しいものです。だからこそ「孤立」は危険です。自分に声をかけてくれる仲間がいないと、時として人間は暴走してしまうものです。

＜本物に触れて育つ＞

幼児期の育ちの中でとても重要なことは、「本物に触れる」ということだと思います。経験が少ないこどもたちは頭で理解するよりも、自分の身体を通して物事を「発見」していくことが「意欲」に繋がります。

人間には瑞々しい感性があります。こどもの日に与えられた鯉のぼりの教材で「作りなさい」と言われて作るものと、プールに生きた鯉を放して自分もその中に飛び込んで鯉を捕まえ、ぬるぬるした触覚や綺麗に配列された鱗をまじかで見た時の「ドキドキワクワク」する感情を持って作るものは違って当然だと思います。

「教育」と聞くと、文字を覚えたり、足し算を覚えたりという「記憶」することを連想しがちですが、本来の幼児教育の礎は「発見」することにあると思います。知らなかったことを自らの発見により知る。教え込まれて知ることと自ら発見して知ること。この違いは先の例でいう「鯉のぼりづくり」と同じです。何の感動もなくても人間は作れてしまう、覚えられてしまいます。けれども心を動かされて（情動）得たもの、自分で発見したものは、その後の生き方に繋がるものになっていきます。

だからこそ幼児期は自分の目で見て耳で聞いて鼻で嗅いで、自分の手で掴んで心を動かす体験が必要なのです。今のこどもたちにやる気がない等と簡単に揶揄する向きがありますが、それはワクワクドキドキするような実体験をさせずに、二度とないこども時代をこどもらしく過ごさせてあげられない大人側に責任があるのかもしれません。バーチャルや早期教育は、実体験を積んで「情動」の喜びを手に入れた、その先にあるものであってほしいと考えます。

＜こどもの絵には一枚の失敗もない＞

私たち大人は文字や言葉を使って他者に自分の気持ちを伝えますが、文字を持たない幼児期のこどもたちにとって、絵は同じ意味を持ち、自分の心の内を表すものだと考えられます。「わが想い」だからこそ、こどもの絵に一枚の失敗もないのです。形を描く絵であれば、その形にならなければ失敗もあるかもしれません。しかし「想い」に失敗はないのです。

人間は群れて生きる動物です。ですからコミュニケーションを取ることで、助けたり助けられたり、喧嘩をしたり仲直りをして生きていきます。相手に自分の想いを伝えることは、まさに生きているということです。

ルールがある、文字という文化を覚え表現する前に、自由に絵で自分の心を表現することは人類の進化とも合致します。旧石器時代のアルタミラ洞窟の壁画。その後何千年も経てから新石器時代に最初の文字体系が現れます。絵で自由に表現し、表現することの喜びを体得してから、文字文化の世界に入ってほしいと思います。

文字は人間だけが持つ大切な文化です。記号として早くから与えるのではなく、語りたい豊かな生活と、語りたい好きな人がいることを幼児期には大切にしながら、文字を得た時に、「これを伝えたい。あの人に伝えたい」と豊かな表現が出来る人になってほしいと願っています。

こどもが描いた絵は大人にとって、こどもの心を知る大事な手がかりです。こどもの想いを「分ってあげたい」という大人が傍らにいることは、こどもにとってとても幸せなことだと思います。

言葉・絵・文字・うた・踊り…表現の方法はたくさんあります。どの子も誰に臆することなく、堂々と自分の考えを表現してほしいものです。

年長のＲ君が一日入学で学校に行き、貼ってあった時間割を見て、学校ではやることがすでに先生によって決められていることに驚き、お母さんに「Rは自分で決めたいな」と呟いたそうです。自分の考えを持ち、表現する。それがやがては世の中を変えていく事にも繋がります。こどもの表現にはロマンがあるのです。

＜未来の社会をどう創り、どう手渡すか＞

先人から教わったことがあり、今の私があります。学生時代によき教師に巡り合い、
・芸術は上手い下手ではなく、強いて言うならば好き嫌いで表現するといい
・主権者である自分を意識して生きなさい
・人間は生まれながらに平等である
・無視することは一番卑怯で幼い手段である
・沈黙は同調
・戦争は人間が行う最も愚かな行為
と教えられました。
母には女手一つで苦労して育ててもらい、
・あんたは臆病なところが一番よいところ
・せっかく「嫌だ」が言える時代に生きているんだ。思ったことは何でも言ったらいい。
と諭されました。

多田泰子氏（北の星東札幌保育園前園長）とは激しく討論してきました。
・どちらも一歩も引かず、なんの忖度もなく、想っていることは「こどもたちのために」ととことん話し合ってきた。後にも先にも少しの躊躇もなく、純粋に保育のことを話が出来たのは、あの時代の多田さんと私。
・一番反論する、反対する、反発する保育士を次期園長に推薦した多田さん。その懐の深さに救われました。

斎藤公子氏の言葉で
・こどもの絵には一枚の失敗もない
・学びに終わりはない
・保育士には二つの仕事がある。一つは目の前のこどもたちを健やかに育てること。もう一つはこどもたちが育った世界をよいものにしておくこと。
と導かれました。

聞いたことをどう響かせるかは己の責任だと思っています。どう生きるかということが、どう聞こえるかということに繋がるのだとも思います。そして想うだけではダメなのです。想いは行動してこそなのです。

一人の人が百歩を歩む時代は終わりました。一人が一歩づつ、百人で百歩にする時代なのです。一人でも多くの人と「一歩」を励まし合って、こどもたちのより良い明日を築いていきたいですね。

こどもは未来！

最近その意味がやっと解りかけてきました。

「もちもちの木」

「オツベルと象」

「黄金のかもしか」

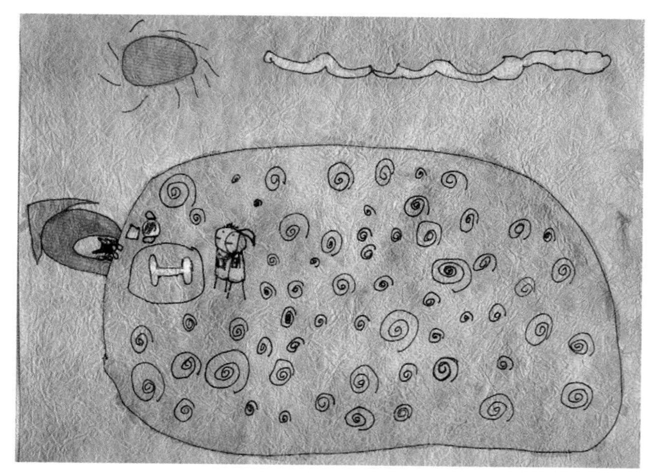

「ホップステップジャンプくん」

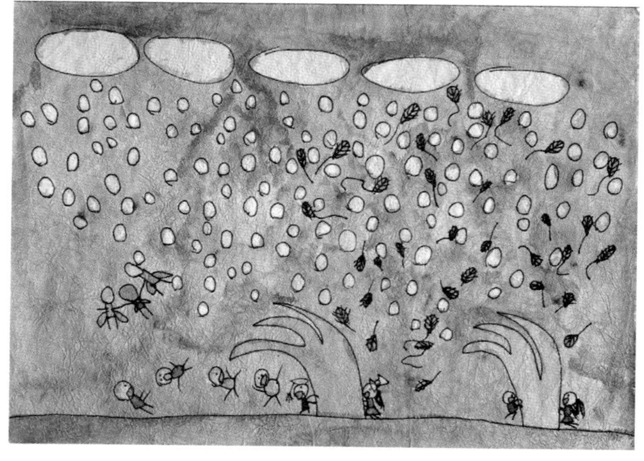

「森は生きている」

「錦のなかの仙女」

保育最後の日は卒園式、最高の保育をする日

古賀 明美

認定こども園 にじのね（宮崎県門川町）

「卒園式は保育最後の日。最高の保育をするのだよ」と斎藤公子先生は本を通して、私に教えてくれました。その真意がほんとうに理解できているのか、毎年、自己研鑽しながら卒園式当日を迎えています。「わが子にこの斎藤公子保育を受けさせたい」という想いでつくった保育園。短大時代に斎藤先生の保育に出会ってから、知れば知るほど、学べば学ぶほど好きになり、斎藤保育を実践してみたくなりました。

無認可保育園6名の園児から出発し、認可保育園、幼保連携型認定こども園になり、あの当時からすると、子どもも保育士も環境に恵まれて保育できるようになってきました。障がいの子どもを持つ親とともに開園し、毎年さまざまな障がいの子ども達が入園してきます。

2017年度の卒園式は、保育歴の一番長いK君を含め12名の卒園を祝う日でした。K君は生後8ヶ月に入園、3歳児検診で多動を指摘され、3歳半に広汎性発達障害の診断を受け、その後も経過観察の子どもでした。

0歳児から睡眠を安定させるために手をかけ、ていねいな「からだほぐし」を行ってきました。赤ちゃんのときは、担任が腱鞘炎になってしまうと、代わるがわる保育士が「まなかい」をし、1歳をすぎてからも必要に応じて午前睡眠をとり入れたり、保育士が二人介助で「どんぐり」をしたり…。しかし3歳半で診断名がつくと睡眠導入剤が処方されました。睡眠を促すために長い距離を歩いたり、明るすぎない部屋での入眠、午前午後と「ロールマット」をしたりと、いろいろな手立てを考え、取り組みました。

生活リズムの崩れや、午睡できない日があると、それを取り戻すために1週間以上かかることも度々でした。睡眠の不安定さから噛みついたり、衝動的に叩いたりすることもありました。また、感覚の過敏さが顕著に表れて、耳ふさぎや奇声がでたり、汚れるのが嫌だったり、触れられないものがでてきたりしました。しかし、逆に静かな場所にいると、自分がぐるぐる回ったり、無意味に手足をバタバタさせたりして自分で刺激をつくりだしたりもします。情緒の面でも、自分の思いと他人の思いの折り合いがつけられなくなったり、急な予定変更にも対応できなくなっていました。

そんな弱さを持ったK君が、実際に生活リズムが安定してきたのは、年長児になってからでした。6歳になると、認識面も発達してきて、言葉のやりとりや、自分の行動を制御できるようになってきました。だから、私はいつも彼とたくさん会話をして、彼が自分の言葉を発することで、自己コントロールするよう導きました。その中で、私が考えてもみなかった発想を彼がしていることに気づきました。私にとっては、それを聴くのが何よりも楽しみになってきたのです。

いよいよ卒園式の前日、「あけみちゃん。赤ちゃんのときから僕のお世話をしてくれて、ありがとう」と言って降園していきました。毎日、毎日繰り広げられる問題行動に、私達は困っていました。彼にとって、幸せな子ども時代はどのような生活なんだろう…、と日々悩んで保育していたので、彼からのその言葉は非常に嬉しくて、必死に涙をこらえました。

卒園式当日、私はリズムあそびのピアノを弾きながら、音に合わせて「まりつき」をする彼の姿が気になっていました。彼の「まりつき」は、協調する

ことが苦手だった障がい特性がどこまで克服されたかを見せてくれました。

そしていよいよ、跳び箱です。小学生用の跳び箱の５段の横をとぶのが、Ｋ君の今までの最高の記録でした。ほかの子ども達は６段をとぶのに、彼だけが５段でした。今までは、６段にセッティングされた跳び箱を「５段にさげてほしい」と彼自身が交渉して、それを友達が手伝って１段さげていくという、仲間とのやりとりもほほえましく見ていたので、最初から５段の跳び箱はセッティングしていませんでした。

順番がきて、彼が６段の横をとびました。しかしお尻がひっかかってしまいました。またとびましたが同じ結果でした。

そこで、いつもなら彼は１段さげてほしいと交渉に行くのですが、その日は何度かとんで、とび終わったときに職員の顔をじーっと見つめて、また元の場所に戻るのです。「５段にさげようか？」と言いそうになりましたが、彼は自分の気持ちを伝える力があるので、それを信じて待ちました。

７～８回目ぐらいだったでしょうか。在園児や卒園児が「がんばれ！」「がんばれ、Ｋ君！」と全力で応援し、ギャラリーの保護者が固唾(かたず)をのんで見守る中、なんと初めて跳んだのです。

６段の跳び箱。一番びっくりしたのは、何より本人だったでしょう。何が起きたんだろうという表情でしたが、彼はあふれんばかりの拍手と歓声に包まれました。

自分を信じて疑わない子ども、脱力がうまくでき、ここぞというときに力が出せる子ども。「斎藤先生、この保育を創ってくれてありがとうございます。また一人幸せな子どもが育ちました。」わたしは、心の中でそう呟いていました。

そして手にした卒園証書。６年２ヶ月保育の証です。

「よくあそび よく歩き よく描き よく考え よく育ちました。認定こども園 にじのね」

この卒園証書を高くかかげて「とべよ鳩よ」の合唱の中、みんなに見送られ、巣立っていきました。

私は、卒園式後に彼に尋ねました。「なんで、跳び箱６段とべたの？」と。すると彼は言いました。「僕はね、赤ちゃんのときから、にじのねで育ったからね。だから簡単に諦めたくなかったんだ。それに、６段をとぶほうがかっこいいと思ったから」と。

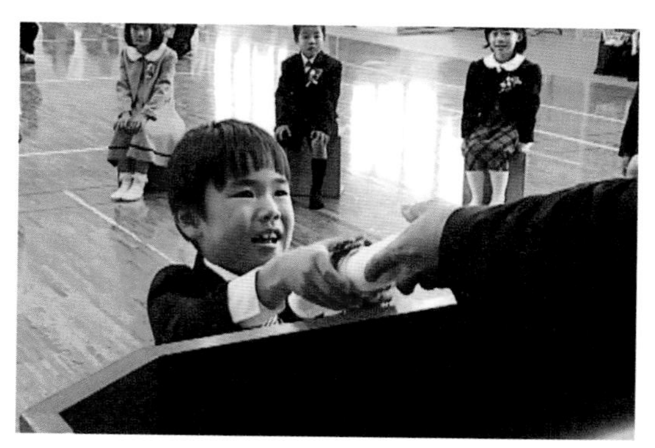

わが子の自立を願って

廣瀬 智恵

くさぶえ保育園に初めて行ったのは、悠晴（ゆうせい）が産まれて４ヶ月の頃でした。

その時、園長の前田さんに「よく来たね。この時期は、まだ塞ぎ込む人が多いから」と悠晴を抱っこしながら、言ってもらえたことに、ホッとしたような救われたような気持ちになれたことを思い出します。その気持ちとは裏腹に、保育園の様子は、冬の寒いなか、半袖姿の子どもたちが、鼻水を垂らしながら歌を歌っている、その姿に衝撃を受け、また市の施設へも通い始めたこともあり、しばらく遠のいてしまいました。

市の施設へ通ってみたものの、この場所で悠晴は健康なからだに育つのだろうか、歩けるようになるのだろうか、という疑問が膨れ上がり、何となく違うのではないかと感じていました。そこで思い出したのが、竹藪に囲まれたたくましい子どものいるくさぶえ保育園でした。

１年ぶりにくさぶえ保育園へ伺った時に、前田さんが、「どうしているかと気になっていたよ。しっかり育てたいと思うなら、くさぶえ保育園のみ通ってほしい」と言われ、「この子には、いろいろな体験をさせてあげることが大切、障がいがあるからと大事、大事に育てていてはダメだよ」と、まさに私がそうしてしまいそうなことを見透かされているかのような助言から、ここだよな、私たちがいる場所は･･･「よし！」と決意して入園しました。

くさぶえ保育園では、朝から夕方まで、外で泥んこ遊びをし、口の周りには泥がいっぱい！水が大好きな悠晴は、水道の蛇口をひねり、ひたすら流し続け、タライを持ってきては水を入れ、ゴロンゴロン転がす、それは、それは嬉しくて、楽しくて、大喜び！付き添っていた私は、「服が汚れる――！水を止めて――！」と思わず叫び止めてしまいそうなところを、「止めさせてはダメだよ、とことん気が済むまでやることが大切」と、悠晴が好きなように、好きなだけやるよう、前田さんにもスタッフの方にも見守っていただきました。

このように見守っていただけると、前田さんやスタッフの方にお任せしていれば大丈夫かなと甘い考えが出てきました。それもまた前田さんに見透かされ、「保育園に預ければこれで安心！そういう親の姿勢では子どもは変わらないよ。親として頑張れることがあると思うよ。」と指摘を受けました。いくら園でスタッフの方が熱意をもって悠晴と関わって下さっても、家庭での過ごし方、関わり方が大切だと、私も一緒になって取り組んでいかなければ、悠晴の成長はないのかなと、よくよく考えさせられました。心を入れ替えたはずが、悠晴より、私のほうがバテてしまうこともたびたびでした。園での活動を共にし、２人だけでは出来ないような体験を沢山させていただきました。海遊び、スキー場での雪遊び・そり滑り、鳥取砂丘や、富士山登山等々。父母会行事のウナギつかみは楽しかったなぁ。

ダウン症の子は、ハイカットの靴を履く、眼鏡をかけている子が多いのですが、毎日のリズム遊び、ことに両生類ハイハイ、いろいろな体験から足腰をきたえたからでしょうか、それらが必要なく過ごせていることも誇りです。

卒園した親御さんから、学校に行くとすごい集中力で頑張れる力があるよ！ビックリするよ！と言われ、そんなことがあるのかなと半信半疑でいました。小学校６年生の時、プリントなどやるべき時は、じっと座って集中して取り組む事ができるようになっていました。まさにこの事なのかと感じました。きっと、園でやりたいことをとことんやり続けたことが、こういう姿につながっているのではないかと思います。

自分のことは自分でやる力、そういったことも教えていただきました。年長児になっても、きっとできないだろうと決めてしまい、つい手を出してしまいそうになりますが、それは違うよと。例えば、自分の荷物を持って歩くこと、保育園の時は、からだが小さく、自分の荷物を全部持つことは難しかったのですが、小さめのリュックを用意したらどうか、そして悠晴が持てる程度の物は自分で持つという習慣をつけていただきました。「持たない！」と主張することも多々あり、つい私が持つと、前田さんに、「悠晴のリュックだよね！」と言われたのを思い出します。そして小学校時代は重いランドセルでも自分で持って颯爽と歩いていきました。根気よく伝えることと子どもの成長に見合った工夫が必要だなと感じました。

悠晴は地元の小学校の特別支援学級を卒業し、特別支援学校中学部に進学しました。

これからの私の目標は悠晴の自立です。ハンディキャップがある子にとって、親にはとっても高いハードルだと思っていますが、自分でできることは自分でやる、そういう力を少しずつつけていけば、道は切り拓いていけるのではないかと思い、希望を持ちながら日々頑張って過ごしていきたいと思っています。その力の源がくさぶえ保育園での日々だったと改めて感じています。

その当時は、一日一日がいっぱいいっぱいで、本当にいろいろなことがあり、悶々と過ごしていました。4人家族での祖父母の病気、ことにコロナ禍での祖父の入院は悠晴に会いたいが面会できない、そういう祖父の失意の中からの奇跡的な回復。高齢の祖父母はまさに悠晴が活力になっています。特に、祖父は毎晩悠晴にトランプの「神経衰弱」やパズルを付き合わされたり、一緒に相撲や野球を見てルールを教えたりしています。付き合わされているようで、実は、祖父のリハビリになっており、かなり刺激を受けています。「神経衰弱」では２人がいい勝負です！ 悠晴の存在は私たち家族のかなめであり、ハンディがあっても家族を支え、また支えられている悠晴の存在はなにものにもかえがたいものです。

最後に、前田さんから、「障がいがある子を育てることは大変だけど、応援しているから、頑張って！」と言われたことがあります。涙が溢れるくらい嬉しくて、改めて「よし！」という気持ちになれました。本当にありがとうございました。

大好きな水遊び

歩行前からプールの斜面を登る

悠晴君は卒園式の少し前に描画で丸が閉じました。言葉はあまりはっきり発音できませんでしたが 、話したいことがたくさんある様子でした。就学してからは発音もよくなり、よく話し、文字学習や友だちの名前を紙いっぱいに書いてそれを見せてくれました。

小学校就学に向けて特別支援級の先生が来園されたとき、悠晴君が遊び込んでいる様子を見て、「高学年になったらリーダーシップがとれるお子さんですね 」と言われました。

小学校での６年間は悠晴君にとっては少し厳しいものでしたが、熱心な先生に恵まれ 、中学校に進学しました。悠晴君が経験してきた、遊ぶ姿、学ぶ姿、温かい家族からの愛を受け、どんな場でも周りの人たちにその関係性のあり方を、波紋のように広げていってくれるように思います。

くさぶえ保育園　前田 綾子

小学校一年生

中学校入学式

世界に感動を与えている斎藤公子の保育実践の真髄

劉 郷英
（公立大学法人福山市立大学教育学部教授）

20世紀80年代、私は、中国の改革開放政策の恩恵を受けて、「教育こそ祖国の振興、民族の振興を実現させる唯一の道なり」という堅い信念をもって、私費留学生として京都大学教育学部に入った。その後、日本で出産し、赤ちゃんを保育所に預けながら京都大学大学院教育学研究科で修士課程、博士後期課程で勉学に励んだ。光陰矢の如し、来日以来30数年経ったが、私は大変幸運に恵まれ、二人の貴重な先達と巡り合うことができた。

京都大学では、田中昌人先生が創出した「人間発達の理論」とそれに基づく「教育実践」に感動し、それを体系的に学ぶことで、私は人間発達の普遍的法則性の解明と、それを個人の発達・集団の発展・社会体制の進歩の3つの系において保障していく日本独自の発達研究という「学問の至宝」と巡り合った。一方、日本での子育てと保育に関する国際比較研究を通して、私は斎藤公子先生が創出した乳幼児の全面発達や人間的成長を保障していく日本独自の「子育ての至宝」と巡り合った。

近年、乳幼児教育保育研究と実践に関する国際交流が盛んになり、日本の研究や実践が世界、とりわけアジア諸国に注目されるようになってきている。私は、中国をはじめとするアジア諸国で開かれた多くの国際会議に招聘（しょうへい）されて講演をしたり、英語や中国語で論文を発表したりして、日本の乳幼児教育保育について、歴史、制度、発達理論、保育課程、保育実践方法、保育者養成などを紹介する機会に恵まれた。2017年度～2019年度には、中国だけで50数回の講演や講座を行った。このような国際的な場で、私は田中昌人先生の創った「学問の宝物」と斎藤公子先生が創った「子育ての宝物」について詳しく紹介している。

恩師田中昌人先生が独自に創出した「人間発達の理論」は、中国で大きな反響を引き起こし、いま田中昌人 / 田中杉恵著『子どもの発達と診断』が中国で翻訳出版されている。

1，　人間愛に満ち溢れる福祉的な保育思想

私は斎藤公子先生の著作を読むとき、いつも感動で涙が溢れてくる。その理由は、斎藤公子先生の心の奥底から溢れてくる人間愛に満ちている福祉的な保育思想に感銘しているからだと思う。

「私は当時の東京女子高等師範学校の保育実習科を卒業するとき、主事の倉橋惣三先生より、盛岡女子師範学校付属幼稚園の初代の主任保母として行きなさい、という辞令を示された。しかし私は、<u>保育の勉強としては最高のものを学んだのだから、最も不幸な子どもたちの保育に尽くしたい</u>と考えて、お断りしたのであった。」（注：下線は劉）という事実を知ったとき、私はたいへん感動し、斎藤公子先生が志している保育の地平が見えるようになった。

つまり、SAITOU KIMIKOの保育は、戦後民主主義憲法の基で作られた「児童憲章」の精神を貫き、すべての子ども（孤児、浮浪児、障がい児、保育が欠けている乳幼児等々）が幸せに暮らし、健やかに発達し、人間的に成長していけるように実践されてきたのだ。幸いに、このような保育思想は、今日、国際的に「子どもの権利条約」(1989) として集約され、人類共通の目標として目指されている。

2, 乳児期から子どもの全面発達を促す「科学的」「芸術的」な保育実践

私は、国際学会で、斎藤公子の保育実践カリキュラムの特徴について、「日本の子育て文化を基に、乳幼児の生活と遊びを中心にしながら、子どもの全人的発達の促進と生きる力の育成を目標とする、日本的特色のある総合的保育実践カリキュラム」として表現している。このカリキュラムは、「発達的法則性を踏まえた産休明けからの乳幼児の集団保育実践」や「重度心身障がい児の発達も促すインクルーシブ保育実践」、「乳幼児期に運動神経と感覚神経の両方から脳の発達を促すリズム遊び実践」、「子どもたちの美的感性を豊かに育てるための語り聞かせ活動と描画活動実践」、「子どもたちの心も体も耕す生活労働実践」、「自然豊かな遊び環境作り実践」など、豊かな内容によって構成されている。この保育実践は、日本で「壮大な生命進化の過程をなぞって、子どもたちに感性と知性の礎（いしずえ）を育む。乳幼児期に、身体系と脳神経系の土台が築かれてこそ、その上に調和のとれた感性と知性が自ずと発達する。斎藤保育は学術的であると同時に、芸術的で奥が深い。」（小泉英明）と高く評価されている。

3, 世界における斎藤公子保育の位置づけ

2004年、OECD（経済協力開発機構）が世界の幼児教育・保育の質について、「どのような先進的な実践が行われているか」を調査し『5つのカリキュラム』として、報告書を出している。が、いずれ私は、斎藤公子先生が創出した保育実践は、戦後日本の乳幼児教育保育実践の代表として、世界における質の高い乳幼児教育・保育実践の一つとして位置付けられると確信している。

私は、中国の保育者から、次のような質問をされたことがある。「劉先生、斎藤公子先生の保育実践についての紹介を聞いて、私はモンテッソーリ教育と同等の価値と素晴らしさを感じています。しかし、モンテッソーリ教育は世界中に知られていますが、どうして斎藤公子先生の保育はあまり知られていないのですか？」。私は、世界の保育者たちの期待に応えられるように、今後、斎藤公子先生が創出した保育実践についてより深く研鑽して、世界のすべての子どもたちの幸せのために、もっと広め続けたい。

著者紹介

1963年中国河北省生まれ。1989年来日。1996年京都大学大学院教育学研究科博士後期課程学修認定。現在福山市立大学教育学部児童教育学科教授。著書に絵本『こぐまのチョウスケ』『チョウスケとおつきさま』（福音館書店）など。主編『儿童的发展、诊断评估、保育和教育丛书』（田中昌人／田中杉恵著『子どもの発達と診断』の中国語版シリーズ）（中国南京師範大学出版社）など。

私が感銘を受けた７冊の本

前田綾子

『西遊記』　呉 承恩

孫悟空のお話。テレビやアニメの同作品は、この原作を読むとかけ離れていることに気づく。この世の無常さの中で何を佳しとするか、価値はどこにあるのか？何に信念をもつのか？を考えさせられる秀逸な作品であり、そこに登場する孫悟空、という設定に深い意味がある。さすがに中国の古典的作品。

『ドリトル先生物語シリーズ』　ロフティング

ドリトル先生は動物語を習い、生き物を味方にし、戦うことなく世界の平和を実現していくお話。

どうしてそんなことができるのか？それはドリトル先生が「お金」に価値を見出さないから。

『生命とリズム』『内臓のはたらきと子どものこころ』『海・呼吸・古代形象』　三木成夫

三木先生がわが子のしぐさや行動から生物進化の歴史をひもとく。

『ヒトのなかの魚　魚のなかのヒト』　ニール・シュービン

まだ若い古生物学者、ニール・シュービンがわくわくする様子が書かれている。

『脳科学の真贋 ―神経神話を斬る科学の眼―』　小泉英明

対談で書かれていて、読み易い。文明や科学が進むことが本当に人間の幸福につながるのだろうか？という疑問に２、３歩近づける本。

『支援教育だより　Part1～Part５』　香川県高松養護学校　北村和史作成（現丸亀養護学校教諭）

障がい児保育に対しての疑問が解決でき、わかりやすい説明と科学的根拠が書かれている。

『子育て＝錦を織るしごと』
『子育て・織りなした錦』
『子育てに魅せられて』　斎藤公子：著

この３冊は斎藤公子の自伝的な三部作として斎藤公子の感性がどのように育まれたのか、また子どもへの情熱の源泉を探る書としてぜひ読んでほしい。

富岡美織

『子育て・錦を織るしごと』　斎藤公子

私がいま、保育の仕事を続けられている礎となる本。茨の道を選ぶという覚悟と選ばざるを得ない自分の内面との対話。20代前半にこの本に涙して、斎藤保育を学ぼうと決意した。

『銀の滴 金の滴』　井尻正二

井尻先生の随想。とても豪快でニヒルな人だった。思想信条に関わる大切な本。亡き後、東京での偲ぶ会に参加したが、その楽しかったこと。集まった人々の快活さ、偲ぶ会でありながら湿った雰囲気は微塵もなく、井尻先生の創ってきた道、人柄が良くわかる会であった。

『沈黙』　遠藤周作

10代の終わり頃読んだ本。宗教にぶつかるとまず思うことは、「神様が本当にいるなら、戦争なんてさせないはず」。しかしその反面、神に対する畏れは漠然と抱いている。私の中の宗教というものへの矛盾と重なる作品。遠藤周作は読破するほど好きな作家。

『写真集　未来誕生』　斎藤喜博：著　川島 浩：写真

20代の時に当時２万円もしたこの本を買った。写真の迫力、文章の迫力。教師が自己の内面と闘い、自分の姿勢や生活を通して、悩み実践することを集団として成し遂げた島小学校の軌跡。齋藤喜博の本も読み漁った。

『学校に教育をとりもどすために』　林 竹二

20代前半に読んで感銘を受けた本。夜間中学の生徒たちの目の輝きに「本物の教育」を見た思いがした。「授業」が人を変えていくということに感動。

『眠れぬ夜の教師のために』　三上 満

教育の荒廃に悩む教師たちを励ます三上先生の優しさが伝わる本。悩むことの尊さを感じた。

『僕は見ておこう』　松原耕二

有名なスタンフォード大学でのスティーブ・ジョブスのスピーチを知ったのは、この本を読んで。
「Stay hungry. Stay foolish.」
(ハングリーであれ。愚かであれ)。

改訂４版のあとがき

未来の人類を育てる

４年間にわたるコロナ禍を過ごして、子どもたちのからだも心も弱くなり、それに比例するかのように子どもに関わる大人も過保護になってきています。そしてまた、新しい命を産む母たちも弱くなっています。少子化対策は生まれる人数だけを増やせばいいのでしょうか。生まれたあとの子ども達をどう育てていくのか？ 大きなテーマです。

園舎のバリアフリー化によって普通の生活に段差がなくなってきています。足を上げて歩かなくても転びません。そして、外出すれば、「段差にご注意ください」と必ず声をかけられます。私はリズム遊びをやっている園を訪問すると、0、1歳児の部屋では、「あえて床にマットや布団を敷き詰めてデコボコや山を作って転ぶような設定を」と提案しています。

転ぶこと、転びそうになって体勢を立て直すこと、転んだらどこに力を入れて起きたらいいのかを自分で見つけて動くこと。これらのことを、子どもが泣いたらすぐに保育士が助けていたら、子どもが育つ大切なチャンスを保育者自身が奪ってしまうことになります。文字通りの見守ること、必要な声をかけること。不必要な声をかけず、子どもが自分で立ち上がろうとする気持ちや力を見守り応援すること。とても難しいことですがいま、子どもの成長発達に最も必要とされているのではないでしょうか。

約40年前、『さくらんぼ坊やの世界』という本が書店の店頭に並びました。その本の最初に「2歳くらいの子どもが転んでも大人が起こしてはいけない。」ということが書いてありました。小さい子どもが転んだ時、泣いていても自分から起き上がることを促す言葉をかける。起き上がるときに、子どもは必ず自分の足の親指を使って起き上がる。それを後ろから抱っこして起こしていたらせっかく足の親指を使う大事なチャンスを奪ってしまう。これが斎藤公子先生の著作でした。

リズム遊びを積極的に取り組んでいる園では、父母にとって子育てが負担ではなく、楽しくなってもう一人、そしてもう一人…。3、4人という兄弟姉妹が多い傾向にあります。なぜそうなるのでしょうか…。メディアから子どもを守る、早寝早起き、美味しい朝のご飯とみそ汁。子どもが３人いてもテレビから解放されたある母は言いました。「時間が余っちゃう。」子どもたちの成長を楽しみ、上の子が下の子を うまく 相手をしてくれる。園で リズム遊び をしているので、からだと心と脳のバランスがよく、自分のことは自分でやる。買い物の荷物は持ってくれる。お手伝い大好き。メディアフリーの生活は子どもの会話に溢れ、絵本を家族で読み、子どもが描く幼いけれどその時代にしか描けない貴重な絵を楽しむことができます。もちろん子どもを育てる仕事は大変な時もありますが、価値ある大変さとその苦労を私たちは受けて育てられ、今この時代を生きています。

本書を作るにあたり、その専門分野の方々に多くの協力、創意工夫をいただきました。イラスト・構成担当の美術家 荻原風佳さん。保育者の村田真由美さん。改訂４版でデザインと組版との仕事を担っていただいた藤本涼子さん。北の星東札幌保育園の保育者 篠田理恵さん、古賀海華穂さん、写真撮影にご協力いただいた子ども達と保育者の皆さん。くさぶえ保育園の子ども達と保育者の皆さん。また寄稿文の西野菜津美さん。認定こども園にじのねの古賀明美さん、保育・幼児教育の国際比較研究で活躍されている劉 郷英先生。保護者の立場からの寄稿文もいただきました。執筆と編集の北の星東札幌保育園の園長 富岡美織さん、厚くお礼申し上げます。

初版からちょうど２年で第４版の運びとなりました。本書が子ども達のすこやかな育ちのための生きた教材であり続けるために、全国各地でのリズム遊び実践研修の場を数多く実現したいと願っています。

2024年9月12日　くさぶえ保育園　　前田 綾子

――質問・批判・意見など　kirino@k-freedom.jp まで、お気軽にお寄せください――

本誌掲載楽譜 作詞作曲者名一覧

目次番号	リズム名	ページ数	作詞者名	作曲者名	備考	正式な曲名
1	金魚	16	鹿島鳴秋	弘田龍太郎		金魚のひるね
2	どんぐり	21	戸倉ハル	小林ツヤ江		
3	両生類ハイハイ	23	—	不明		
5	うさぎ	33	則武昭彦	安藤孝		
9	めだか	35	酒田富次	酒田富次		
7	こうま	38	不明	河村順子 編曲	文部省唱歌	
8	うま	38	—	ロジャース		
9	かけっこ	39	—	不明		子犬のマーチ
10	きしゃ	40	—	大和田愛羅		
11	かえる	41	—	丸山亜季		
12	かめ	43	石原和三郎	納所弁次郎		うさぎとかめ
13	こまこままわれ	44	—	不明		
14	三輪車	45	—	不明		
15	あひる	46	戸倉ハル	小林ツヤ江		
16	かに	47	都築益代	渡辺茂		赤いかに こがに
17	とんぼ	49	額賀誠志	平井康三郎		とんぼのめがね
18	つばめ	50	不明	丸山亜季		
20	スキップ	53	大井数雄	丸山亜季		ホップステップジャンプ君
21	ギャロップ	55	—	不明		
22	おじいさんおばあさん	56	不明	不明		
23	とけい	57	—	不明		
26	かたつむり	62	不明	不明	文部省唱歌	でんでんむし
27	かかし	63	武笠三	不明		
28	たけのこ	64	植田啓次郎	佐々木すぐる		
29	てぃーちでぃーる	65	不明	不明	沖縄民謡	
30	たんぽぽひらいた	68	こばやしけいこ	丸山亜季		
31	なべなべそこぬけ	69	不明	不明		
32	足じゃんけん	70	不明	岡野貞一	童謡	桃太郎
33	手押し車	71	林柳波	松島つね		おうま
34	金太郎とくま	73	石原和三郎	田村虎蔵		
35	2人ボートレース	75	井上徹	江沢清太郎		お舟
36	くまさんくまさん	76	不明	不明		
37	とびはねろ	77	不明	不明		
38	おふねはぎっちらこ	79	井上徹	江沢清太郎		お舟
39	海だ海だ	81	天野蝶	一宮道子		海
40	スキップキップ	82	まどみちお	渡辺茂		
41	小鳥のお話	83	不明	不明		
42	糸車	85	中沢隆介	長沢勝俊		

目次番号	リズム名	ページ数	作詞者名	作曲者名	備考	正式な曲名
43	毛虫から蝶へ	86	不明	不明	ドイツのクリスマスの歌	もみのき
44	兄弟すずめ	91	久保田宵二	井上武士		
45	ランアンドストップ	92	—	不明		
46	ポルカ	93	—	不明		
47	フォローステップ	94	—	不明		
48	つばめの乱舞	95	—	丸山亜季		つばめ
49	歩く（3拍子）	96	—	ヨナーソン		カッコーワルツ
	歩く（3拍子）	96	倉橋惣三	平井康三郎		ごもんのまえの
	歩く（4拍子）	97	—	—	沖縄のわらべうた	兄さん太郎は
50	とんび	99	葛原しげる	梁田貞		
52	こま	101	—	不明		
53	なわとび	103	不明	不明		
54	氷すべり（スケート）	105	—	不明		氷すべり
58	竹馬	109	木村次郎	丸山亜季		桜三月
59	木の葉	110	吉丸一昌	梁田貞		
60	雪	111	不明	不明		
61	雪遊び	112	不明	不明		
62	そり	114	不明	不明	ロシア民謡	トロイカ
63	夕日	115	葛原しげる	室崎琴月		
64	たきび	117	巽聖歌	渡辺茂		
65	五色の玉	119	中山欽一	丸山亜季		
66	カリンカ	121	不明	ラリオーノフ	ロシア民謡	
67	ちょう	125	小林純一	中田喜直		ひらひらちょうちょ
68	唄（うとう）	127,128	三木露風	山田耕作		
69	側転	129	中村欽一	丸山亜季		風三郎滝三郎
	側転	130	小船幸次郎	小船幸次郎 編曲		ポルスカ
70	海辺でたわむれる子どもたち	134	—	斎藤公子 編曲		
71	荒馬	135	—	丸山亜季 編曲	津軽民族舞踏曲	津軽の荒馬
72	竹踊り	139	—	不明	ベトナム民族舞踏曲	
73	かげふみ	141	小林宗作	小林宗作		
74	小序曲	144,145	—	チャイコフスキー		くるみ割り人形
	行進曲	147	—	チャイコフスキー		くるみ割り人形
	トレパーク	149	—	チャイコフスキー		くるみ割り人形
	花のワルツ	152	—	チャイコフスキー		くるみ割り人形
75	一瞬のいまを	155	林　光	林　光		森は生きている
	十二月	158	マルシャーク	林　光		十二月の歌
	そり（トロイカ）	159	広渡常敏	林　光		森へ向かうそりの歌
79	ぶらんこ	162	都築益代	芥川也寸志		
80	鯉の滝登り	163	不明	不明		
85	手支持のための体操	186	不明	ミヒャエリス		森のかじや

斎藤公子◉保育絵本　2019年11月発売　発行：Kフリーダム

プーシキン［作］　ゾートフ［絵］　●本体¥2,500+税

サルタン王ものがたり

中国民話　齋藤博之［絵］　●本体¥2,500＋税

錦のなかの仙女

インド民話　齋藤博之［絵］　●本体¥2,500＋税

黄金のかもしか

マルシャーク［作］　エリョーミナ［絵］　林　光［曲］

森は生きている 12月（つき）のものがたり　●本体¥2,500＋税

斎藤公子◉保育の本

【DVDブック】こばと保育園園長大城清美 他［編著］　2019年11月発売　●本体¥2,700＋税　発行：スタジオほもり

リズム遊びが脳を育む

斎藤公子［著］　●本体¥5,000＋税

【普及版】子どもは描く　発行：Kフリーダム

斎藤公子［編著］　●本体¥2,500＋税

【改装版】さくら・さくらんぼの障害児保育　発行：Kフリーダム

【写真集】斎藤公子［文］　川島　浩［写真］　●本体¥4,500＋税

ヒトが人間になる　発行：太郎次郎社エディタス

イラスト版 斎藤公子 さくら・さくらんぼリズム遊び

初　版：2022年（令和4年）9月20日発行／改訂4版：2024年（令和6年）12月10日発行

編著者　前田綾子・富岡美織 / 荻原風佳
発　行　Kフリーダム　桐野昌三（代表）
〒182-0012　東京都調布市深大寺東町3-18-7
TEL 042-487-0863　FAX 042-487-0863　HP https://www.k-freedom.jp
（あるいはKフリーダムで検索）
発　売　株式会社太郎次郎社エディタス
〒113-0033　東京都文京区本郷3-4-3-8F
TEL 03-3815-0605　FAX 03-3815-0698
印　刷　モリモト印刷株式会社　　デザイン・制作　藤本涼子

ISBN 978-4-8118-4131-1　C0037 ¥2700E